Dr. Tim Breker

Psychologie und Schule

SchülerInnen mit der Potenzialentfaltungsbox fächerunabhängig

fördern

© 2017 Dr. Tim Breker, Berlin

Verlag: tredition GmbH, Hamburg

ISBN

Paperback: 978-3-7439-0485-9
Hardcover: 978-3-7439-0486-6
e-Book: 978-3-7439-0487-3

Written with passion and printed in Germany

Für eine stärkere schulische Arbeit an Denkmustern und Einstellungen von Kindern und Jugendlichen

Über den Autor

Tim Breker hat zwei Jahre als Teach First Deutschland Fellow an einer Hauptschule in Langenfeld bei Köln mit SchülerInnen aus einem schwierigen sozialen Umfeld gearbeitet und anschließend das Sozialunternehmen em-Schülerfirmennetzwerk für die Förderung von Unternehmertum bei SchülerInnen gegründet. Im Rahmen seiner Dissertation an der Europa-Universität Vadrina zu Frankfurt (Oder) hat er die in diesem Buch beschriebene Potenzialentfaltungsbox zur Stärkung der Selbstwirksamkeit von SchülerInnen entwickelt. Sie soll Lehrkräfte dabei unterstützen, im schulischen Alltag die Potenzialentfaltung ihrer SchülerInnen systematisch zu fördern.

Inhaltsverzeichnis

Abbildungsverzeichnis

1 Persönliche Einleitung

Im Anschluss an mein Bachelorstudium der Betriebswirtschaftslehre hatte ich die – vielleicht verrückte – Idee, nicht als Betriebswirt sondern stattdessen als Lehrkraft zu arbeiten. Als Fellow der gemeinnützigen Bildungsinitiative *Teach First Deutschland* habe ich daraufhin zweieinhalb Jahre an einer städtischen Hauptschule in Langenfeld unterrichtet und diverse Projekte mit Schülern[1] durchgeführt.

In dieser Zeit konnte ich rund 150 Schüler regelmäßig in unterrichtlichen und außerunterrichtlichen Situationen beobachten und habe so vielfältige Erfahrungen gesammelt, wie und unter welchen situativen Rahmenbedingungen Schüler motiviert sind, im Unterricht mitzuarbeiten und etwas zu lernen. Im Rahmen von Hospitationen und Team Teaching konnte ich zudem auch verschiedene erfahrenere Lehrer im Umgang mit Schülern erleben. Ich bilde mir ein, vor allem von den Besseren ganz viel gelernt zu haben und dafür bin ich dankbar.

Vor und während meines Schuleinsatzes habe ich mich zudem im Selbststudium und dank der (Weiter-) Qualifizierungsmaßnahmen von Teach First Deutschland intensiv auch mit wissenschaftlicher Literatur zum Unterrichten beschäftigt. Dabei sind insbesondere sozial-kognitive Theorien aus der Psychologie in den Mittelpunkt meines Interesses gerückt, weil deren direkte Wirkung auf die Motivation und die Schulleistungen von Jugendlichen durch umfangreiche empirische Forschung vielfach nachgewiesen ist. Dabei konnte ich mich insbesondere für die Theorie zur Selbstwirksamkeit von Albert Bandura und die Mindset Theorie von Carol Dweck begeistern und sie in meiner eigenen Praxis anwenden. Beide Theorien sind daher die Hauptbestandteile der Potenzialentfaltungsbox und werden inklusive praktischer Umsetzungsvorschläge in diesem Buch detailliert vorgestellt.

Nach meinem Einsatz als Teach First Deutschland Fellow habe ich das Bildungsprojekt em-Schülerfirmennetzwerk als selbstständiger Sozialunternehmer gegründet, um Jugendlichen an verschiedenen Schulen die Teilnahme an Schülerfirmen zu ermöglichen. Ich wollte besser verstehen, welche konkreten Auswirkungen die Mitarbeit in einer Schülerfirma auf die Selbstwirksamkeit von Jugendlichen hat und wie man Schüler mit Hilfe von Selbstwirksamkeit optimal fördern kann.

Generell beschreibt Selbstwirksamkeit die persönliche Einschätzung eines Menschen, mit seinen Fähigkeiten eine vorliegende Anforderungssituation erfolgreich bestehen zu können und diese in Angriff zu nehmen.

---

[1] Auf die weibliche Form wird aus Gründern der Lesbarkeit im Folgenden verzichtet. Das generische Maskulinum spricht im gesamten Buch ausdrücklich jeweils beide Geschlechter an.

Schließlich habe ich mich in der Abschlussarbeit meines Master of Public Policy Studiums an der Humboldt-Viadrina School of Governance intensiv mit Albert Banduras Theorie der Selbstwirksamkeit beschäftigt und mit Hilfe von 17 dreißig- bis vierzigminütigen Schülerinterviews empirisch untersucht, inwiefern die Mitarbeit in einer Schülerfirma die Selbstwirksamkeit von Schülern stärkt.

Die Ergebnisse meiner Masterarbeit legen nahe, dass die Mitarbeit in einer Schülerfirma die allgemeine Selbstwirksamkeit und die spezifische Selbstwirksamkeitserwartung in Bezug auf die Arbeit in Teams bei den beteiligten Schülern positiv beeinflusst. Eine Auswirkung auf die spezifische Selbstwirksamkeitserwartung in Bezug auf eine spätere Unternehmensgründung konnte ich hingegen nicht nachweisen.

Neben der Theorie zur Selbstwirksamkeit hat mich in meiner Arbeit an und mit Schulen vor allem auch die Mindset Theorie von Carol Dweck inspiriert, die in der deutschsprachigen Literatur auch unter den Begriffen Selbstbild oder Implizite Fähigkeitstheorie bekannt ist.[2] Das Mindset beschreibt eine Art Grundhaltung des Menschen oder zumindest seine Tendenz, Eigenschaften wie Intelligenz oder schulische Fähigkeiten entweder als weitestgehend stabil oder aber als mit Hilfe von Aufwand und Engagement veränderbar anzusehen. Unterschiede in dieser subjektiven Grundhaltung – unabhängig davon, was objektive bzw. wissenschaftliche ‚Wahrheit' ist – haben deutliche Einflüsse auf die Motivation und Leistungsergebnisse von Schülern.

In der empirischen Forschung zu Selbstwirksamkeit und Mindset wurden positive Einflussmöglichkeiten auf Schülermotivation und -leistung in diversen Studien nachgewiesen. Das Wissen darum stand jedoch im krassen Gegensatz zu meinen persönlichen Erfahrungen an den Schulen, an denen ich gearbeitet habe und in denen Lehrkräfte in der Regel nicht gezielt an der Selbstwirksamkeit und dem Mindset ihrer Schüler gearbeitet haben. In meiner Dissertation habe ich mich deswegen mit der Frage beschäftigt, wie Lehrkräfte Sozial-Kognitive-Psychologie nutzen können, um Schule und Unterricht so zu gestalten, dass Schüler optimal motiviert sind und ihr volles Leistungspotenzial abrufen.

Die Ergebnisse dieses Prozesses und vor allem ihre Umsetzung durch Lehrkräfte in der Praxis sind in diesem Buch aufbereitet. Damit möchte ich zu einer sinnvollen Anwendung der bisherigen Forschungsergebnisse zu Mindset und Selbstwirksamkeit in der deutschen Schulpraxis beitragen. Forschungsergebnisse legen nahe, dass so die Lerngeschwindigkeit

---

[2] Carol Dwecks Forschung zum Mindset ist im deutschen Sprachraum unter folgenden Stichwörtern bekannt: Selbstbild, Geisteshaltung, Mindset, Implizite Begabungstheorien oder Implizite Theorien zur Intelligenz. Diese Vielfalt der Begrifflichkeiten beruht darauf, dass Dwecks Forschung zu impliziten Theorien erst im Laufe der Zeit unter dem englischen Begriff Mindset zusammengefasst und dann von deutschsprachigen Forschern unterschiedlich bzw. gar nicht ins Deutsche übersetzt wurde.

und der Lernerfolg eines jeden Schülers verbessert und jeder Lehrer zufriedener gemacht werden kann.[3] Darüber hinaus scheint es, als würde mit Hilfe von Mindset und Selbstwirksamkeit auch die vielfach in Bildungsstudien angeprangerte starke Abhängigkeit zwischen Bildungserfolg und sozio-ökonomischer Herkunft eines Schülers reduziert werden können. Denn nach ersten Erkenntnissen profitieren sozial benachteiligte Schüler in besonders starkem Ausmaß von Maßnahmen, die auf Sozial-Kognitiver-Psychologie basieren.[4]

Die Erkenntnisse aus diesem Buch sind daher nicht nur für Lehrkräfte und Schüler, sondern insbesondere auch für angehende Lehrkräfte, Schulleiter, Schulverwaltungen, (Bildungs-) Politiker und Eltern von großer Bedeutung.

---

[3] Diesen Schluss legen Studien der Carnegie Foundation for the Advancement of Teaching aus Amerika nahe, die diese Ergebnisse bei Community College Studenten und Dozenten durch die Überarbeitung von Mathematikkursen mit Erkenntnissen aus der Sozial-Kognitiven-Psychologie erzielt haben (Silva & White, 2013).
[4] Vgl. Blackwell, Trzesniewski & Dweck (2007)

2   Grundannahme

Mein persönliches Verständnis von Schule, Unterricht und der Rolle der Lehrkraft basiert auf den Erlebnissen und Erfahrungen aus meiner eigenen Schulzeit sowie aus meiner Arbeit an und mit Schulen. Jede Lehrkraft unabhängig vom unterrichtenden Fach prägt nicht nur das Wissen ihrer Schüler, sondern auch die Schüler als Menschen. Meine Grundannahme ist, dass Lehrer und Schüler stetig auf einer fachlichen und einer nicht-fachlichen Ebene miteinander interagieren.

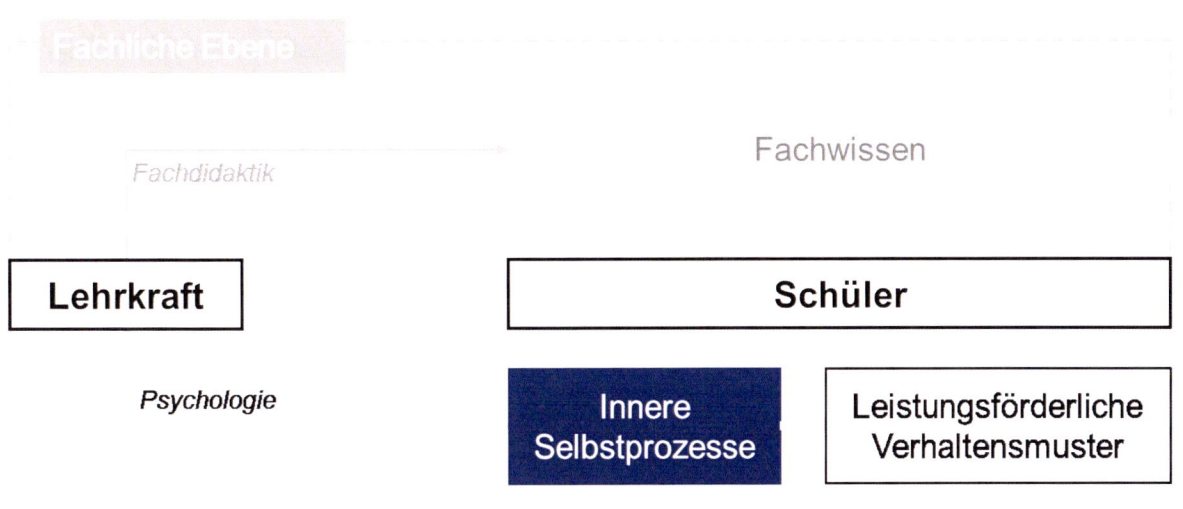

Abbildung 1: Ebenen der Lehrkraft-Schüler-Interaktion

Auf fachlicher Ebene entscheidet die Lehrkraft mit Hilfe der Fachdidaktik, welche Fachinhalte sie in welcher Reihenfolge ihren Schülern beibringen möchte. Ziel ist es, den Schülern möglichst viel Fachwissen zu vermitteln, so dass diese eine Wissensabfrage – sei es eine Übung oder ein Test – erfolgreich bestehen können und schlussendlich einen Schulabschluss machen. Dieser Prozess der Wissensvermittlung erfolgt in der Regel sehr gezielt und systematisch, denn die Lehrkraft ist sich bewusst, über welches konkrete Wissen die Schüler zu welchem Zeitpunkt verfügen sollten. Lehrpläne, Schulbücher und das bereits bei den Schülern vorhandene Vorwissen unterstützen die Lehrkraft bei diesem Aufbau von Wissen.

Auf nicht-fachlicher Ebene gibt es in der Regel weniger (konkrete) Hilfsmittel[5], die Lehrkräfte dabei unterstützen, ihre Schüler positiv zu beeinflussen und eine Richtung vorgeben. Auch die Ziele sind nicht einheitlich und explizit, sondern können sich von Lehrkraft zu Lehrkraft zum Teil stark unterscheiden. Lehrkräfte können beispielsweise auf die Persönlichkeitsentwicklung, die Erziehung, die Motivation und/oder weitere Aspekte des Schülers abzielen und dabei untereinander sogar teilweise diametrale Absichten verfolgen[6]. Hinzukommt, dass die Beeinflussung von Schülern auf nicht-fachlicher Ebene (bisher) zu großen Teilen unbewusst und zufällig passiert, ohne dass die Lehrkraft sich entsprechende Ziele gesetzt hätte oder speziell auch dafür ausgebildet worden wäre.

Auf der einen Seite ist eine solche Vielfalt an unterschiedlichen nicht-fachlichen Zielen bei Lehrkräften positiv, denn die Diversität der Lehrerpersönlichkeiten führt dazu, dass Lehrkräfte authentisch sind und verschiedene Schülerpersönlichkeiten in der Schule bei unterschiedlichen Lehrkräften profitieren können.

Auf der anderen Seite darf es nicht sein, dass Lehrkräfte diesen wichtigen Teil ihres Berufes dem Zufall überlassen und sich keine Ziele setzen. Denn in der Schulpraxis lassen sich die Phasen der fachlichen und persönlichen Weiterentwicklung von Schülern für Lehrkräfte nicht klar voneinander trennen. Im Unterricht bestehen immer beide Ebenen: Die Schüler lernen fachliche Inhalte und machen gleichzeitig Erlebens- und Verhaltenserfahrungen, die ihre Persönlichkeit und ihre Handlungsmuster prägen. Die nicht-fachliche Interaktion ist daher mindestens genauso wichtig wie die fachliche Interaktion zwischen Lehrern und Schülern. In naher Zukunft wird die Beeinflussung auf der nicht-fachlichen Ebene wahrscheinlich sogar noch eine deutlich wichtigere Aufgabe für Lehrkräfte sein als die fachliche Wissensvermittlung, weil rein fachliches Wissen zukünftig immer schneller und kostengünstiger (online) verfügbar sein wird.

Die daraus resultierende Frage ist für die Lehrkräfte von heute und für die Lehrkräfte in der Zukunft dieselbe: Wie können wir systematisch und zielgerichtet auf der nicht-fachlichen Ebene auf unsere Schüler wirken, ohne die Vorteile der Diversität unserer Persönlichkeiten aufzugeben? Was ist der kleinste gemeinsame Nenner an Zielen, die alle Lehrkräfte unabhängig von ihren eigenen Persönlichkeiten bei der Arbeit mit Schülern auf der nicht-fachlichen Ebene verfolgen sollten?

Die Antwort, zu der ich in der intensiven Auseinandersetzung mit diesen Fragen in den letzten Jahren persönlich gekommen bin, liegt in den beiden bereits angesprochenen

---

[5] Vielleicht gibt es an einzelnen Schulen Leitbilder oder Schulregeln, die den Lehrkräften als Anregung oder Grundlage dienen können.
[6] Zum Beispiel gibt es Lehrkräfte die unabhängiges und kreatives Denken stärker fördern möchten, während dagegen andere Lehrkräfte großen Wert auf einheitliches Verständnis legen.

Theorien aus der Sozial-Kognitiven-Psychologie. Denn Sozial-Kognitive-Psychologie wird auf Schulebene, vor allem durch die gewählten Unterrichtsmethoden, die Lehrer-Schüler-Beziehung sowie die Schul- und Klassenkultur umgesetzt und wirkt nachweislich entscheidend auf die Motivation und die Schülerleistung ein. Ziele, der Umgang mit Herausforderungen, die Einstellung zu Fleiß sowie die Ursachenzuschreibungen für Erfolge und Misserfolge von Schülern und von Lehrern können mit Hilfe der Theorien aus der Sozial-Kognitiven-Psychologie beeinflusst werden.

Die Theorien zu Mindset und zu Selbstwirksamkeit sind die für die schulische Arbeit wichtigsten Forschungsbereiche der Sozial-Kognitiven-Psychologie. Auf der Grundlage dieser beiden Theorien und empirischer Untersuchungen zu ihnen lassen sich zwei konkrete Ziele für die nicht-fachliche Förderung von Schülern ableiten:

1. Schüler sollten stets von der Entwicklungsmöglichkeit ihrer Fähigkeiten überzeugt sein.

2. Schüler sollten sich zutrauen, die Weiterentwicklung ihrer Fähigkeiten erfolgreich zu meistern und dabei Wirksamkeit empfinden.

In Bezug auf die Fähigkeit, Gedichte interpretieren zu können, bedeutet dies zum Beispiel, dass ein Schüler in seinem tiefen Inneren davon überzeugt ist, dass er lernen kann, (gute) Gedichtinterpretationen zu schreiben (1). Darüber hinaus empfindet er sich in diesem Lernprozess als wirksam, weil er wahrnimmt, dass er sich verbessert und sich seine Fähigkeit entwickelt. Nachdem er erst formale Merkmale wie das Reimschema lediglich erkennen konnte, kann er sie nach und nach auch sinnvoll mit dem Gedichtinhalt verknüpfen. Zudem identifiziert und interpretiert er immer häufiger Metaphern, die die Autoren in ihren Gedichten verwenden (2).

Wenn ein Schüler in seinem Inneren fest daran glaubt, dass er sich verbessern kann (1) und merkt, dass er dabei Fortschritte macht, für die er selbst verantwortlich ist (2), dann entstehen daraus eine sich selbst verstärkende Motivation zu lernen und ein leistungsförderliches Verhaltensmuster.

Diesen Zustand zu erreichen, kann und sollte das Ziel jeder Lehrkraft sein. Mit Hilfe von systematisch ausgewählten Maßnahmen auf der nicht-fachlichen Ebene kann jede Lehrkraft dieses Ziel erreichen. Anregungen und Anleitung dazu möchte dieses Buch liefern.

3 Herausforderung

Derzeit stehen der zielgerichteten und systematischen nicht-fachlichen Förderung von Schülern durch Lehrkräfte drei Hindernisse im Weg, die es zu überkommen gilt.

1. Der Irrglauben, dass Veränderungen von Schulstruktur, Ausstattung und anderen harten Faktoren mehr zu Lernfortschritten von Schülern beigetragen, als „weiche Faktoren" wie Psychologie, Beziehungsarbeit und individuelle Haltungen.

2. Das Unterschätzen der eigenen positiven, über die Vermittlung von Fachwissen hinausgehenden Einflussmöglichkeiten auf Schüler bei den Lehrkräften.

3. Die unzureichende Qualifizierung im Bereich Psychologie während der universitären und praktischen Lehrerausbildung sowie die eigene, aus unerklärlichen Gründen bei Lehrkräften in Vergessenheit geratene, stetige persönliche und professionelle Weiterentwicklung.

Zu 1)

Obwohl verschiedene Untersuchungen zu dem eindeutigen Ergebnis kommen, dass „weiche Faktoren" der richtige Hebel sind, um das deutsche Schulsystem zu verbessern und die Leistungen unserer Schüler zu stärken, wird in der bildungspolitischen Diskussion und in Gesprächen unter Lehrkräften über strukturelle Veränderungen diskutiert. So beinhaltet beispielsweise der Großteil der Lösungsvorschläge zur Beseitigung von Bildungsbenachteiligung in Deutschland überwiegend strukturelle Maßnahmen, die auf die Klassen- oder Schulebene abzielen und das Bildungssystem als Ganzes in den Blick nahmen.[7]

Dabei ist spätestens seit der Hattie-Studie[8] klar, dass psychologische Faktoren wie die Leistungserwartungen von Schülern und Lehrern sowie die Lehrer-Schüler-Beziehung deutlich stärker zum Bildungserfolg von Schülern beitragen als strukturelle Faktoren wie die Klassengröße oder die finanzielle Ausstattung der Schule. Auch in dem von der Unternehmensberatung McKinsey durchgeführten Vergleich mit anderen Bildungssystemen in der Welt wird deutlich, dass eher ‚weichere' Faktoren wie das Wesen und die Qualität der schulischen Lehr- und Lernprozesse im Mittelpunkt von Veränderungsmaßnahmen stehen müssen, um aus dem guten deutschen Schulsystem ein hervorragendes zu machen.[9]

---

[7] Vgl. Spencer, Rowson & Bamfield (2014, S. 11)
[8] Vgl. Hattie (2013)
[9] Vgl. Mourshed, Chijioke & Barber (2010)

Aber warum glauben Lehrkräfte nicht an die Einflussmacht von weichen Faktoren?

Als Antwort auf diese Frage eignen sich dieselben beiden Gründe, die oben schon als Hindernisse für eine systematische und zielgerichtete nicht-fachliche Förderung von Schülern genannt sind. Ich denke, dass Lehrkräfte die psychologische Ebene unterschätzen, auf der sie Einfluss auf ihre Schüler haben können. Dies liegt unter anderem daran, dass nachhaltige nicht-fachliche Veränderungen bei Schülern schwierig auszumachen sind und diverse Einflussfaktoren bemerkte Veränderungen hervorgerufen haben könnten. Es erscheint der Lehrkraft als fast unmöglich, die nicht-fachlichen Entwicklungen bei Schülern mit den eigenen Maßnahmen und Verhaltensweisen in Zusammenhang oder gar in eine kausale Beziehung zu bringen. Hinzu kommt, dass psychologische Erkenntnisse nicht standardisierter Teil der Lehrerausbildung sind. Viele Lehrkräfte können also teilweise gar nicht wissen, welche Effekte sie auf der nicht-fachlichen Ebene auf Schüler erzielen könnten, weil ihnen die Ausbildung und ein Orientierungsrahmen in diesem Bereich fehlen.

Warum spielen weiche Faktoren bei Bildungspolitikern und in der Schulverwaltung so eine kleine Rolle?

Als Antwort auf diese Frage bieten sich zwei Erklärungen an: Auf der einen Seite besteht eine große Kluft zwischen der wissenschaftlichen Forschung und der Schulpraxis. Funktionierende Prozesse, über die neue Erkenntnisse aus der Wissenschaft gezielt in die praktische Arbeit von Schulleitungen, Schulverwaltungen und Bildungspolitiker einfließen, existieren nicht. Zudem ist es fraglich, inwiefern Forscher und Bildungspraktiker sich auf Anhieb verstehen und neue Erkenntnisse tatsächlich zeitnah in der Praxis umgesetzt werden könnten, ohne dass eine Art „Übersetzung" von Theorie und Empirie in konkrete Praxismaßnahmen stattfindet. Es ist also ohne intensive Recherche schwierig, Lehrkräften und Schulleitungen konkrete Vorgaben für die Arbeit auf nicht-fachlicher Ebene zu machen. Auf der anderen Seite erscheint es für Bildungspolitiker schlichtweg naheliegend zu sein, die „gefühls- und wehrlose" Infrastruktur und Ausstattung von Schulen sowie schlichte Datenpunkte wie Klassengröße für die Minderleistung von Schülern und die mangelhafte Potenzialausschöpfung verantwortlich zu machen. Denn auf diese Weise können Erklärungen gefunden werden, ohne dass bestimmte Wählergruppen kritisiert und aufgebracht werden. Die Politiker können verhindern, angreifbar zu sein. Zu Gute kommt ihnen darüber hinaus, dass „verschenktes Potenzial" quasi unsichtbar ist, denn wie sollten Lehrkräfte, Schüler oder Eltern wissen, was noch zusätzlich erreichbar gewesen wäre.

Zu 2)

Dass Lehrkräfte selbst ihren nicht-fachlichen Einfluss auf Schüler unterschätzen, kann unter anderem mit ihrer historisch auf die Vermittlung von Fachwissen fokussierten Rolle erklärt werden. Die aktuelle Schulpraxis ist noch sehr stark geprägt von einem Pädagogikverständnis des Behaviorismus[10], das sich durch eine hohe Lehrerzentriertheit und eine eher passiven Schülerrolle auszeichnet. Diesem Verständnis nach wird „objektives Wissen" durch die Lehrkraft aufbereitet und an die Schüler weitergegeben, die dieses Wissen daraufhin aufnehmen und abspeichern. Die Schule gleicht damit in ihrer aktuellen Form – wie es vielleicht in früheren Zeiten auch zu den Anforderungen einer industriellen Gesellschaft gepasst hat – einer Produktionsfabrik, in der vor allem von der Lehrkraft einheitlich vorgegebene Arbeitsergebnisse wichtig sind und Schüler im sozialen und an Kriterien orientierten Vergleich bewertet werden. Die Konsequenzen aus diesem Pädagogikverständnis schaden den Schülern. Denn, wenn Lehrkräfte sich bei ihnen vor allem auf die Produktion von fehlerlosen Lernergebnissen konzentrieren, wird den Schülern vermittelt, dass sie keine Fehler machen dürfen. Dies führt dazu, dass Schüler schulische Herausforderungen und schwierige Aufgaben meiden und so hinter ihrer möglichen Lernleistung zurückbleiben. Sie lernen, eigene Fehler unter allen Umständen zu vermeiden und vor der Lehrkraft zu verstecken. Sie beginnen, sich Darstellungsziele zu setzen, anstatt eigene Lernziele zu entwickeln. In einer Art Wettkampforientierung geht es für sie darum, sich im Vergleich mit ihren Mitschülern besser und andere schlechter aussehen zu lassen. Die Motivation der Schüler basiert in einem solchen Unterrichtsklima vor allem auf extrinsischen Faktoren wie der Anerkennung durch die Lehrkraft, den Noten, der Vermeidung von Bestrafung sowie dem sozialen Vergleich mit den Mitschülern, sofern dieser Vergleich für den einzelnen Schüler positiv ausfällt. Passend zu diesem Pädagogikverständnis stehen Lehrkräfte in der Rolle als Wissensvermittler bisher nur in der Pflicht, ihren Schülern die in den Lehrplänen festgelegten Fachinhalte und Kompetenzen zu vermitteln. Ob sie dieser Pflicht in zufriedenstellendem Maße nachkommen, wird teilweise dann in den regelmäßigen zentralen Leistungstests gemessen. Dadurch fühlen sich Lehrkräfte bei den zentralen Leistungsüberprüfungen häufig fast mehr unter Druck als ihre Schüler, die diese Tests tatsächlich absolvieren. In Bezug auf die Förderung von Schülern auf der nicht-fachlichen Ebene gibt es dagegen keinen Rechtfertigungsdruck für Lehrkräfte, weil die Einstellungen von Schülern zum Lernen und andere nicht-fachliche Merkmale in der Regel nie systematisch erhoben werden. Dass die nicht-fachliche Ebene von Schule und Unterricht selten Gegenstand von Lehrergesprächen ist und sich Lehrkräfte vor allem auf die Vermittlung von Fachwissen konzentrieren, ist unter diesen Umständen absolut nachzuvollziehen.

---

[10] Dieses vom Behaviorismus geprägte Pädagogikverständnis wurde in der Wissenschaft und in der Schulpraxis in den letzten Jahrzehnten langsam durch den Konstruktivismus ergänzt, der das passive Rollenverständnis der Schüler anzweifelt und die Relevanz ihrer inneren Selbstprozesse betont. Dies kann als erster Schritt gewertet werden, der dazu beiträgt, dass in Zukunft auch Erkenntnisse aus der Sozial-Kognitiven-Psychologie in der Schulpraxis grundlegende Berücksichtigung finden werden.

Hinzukommt, dass Lehrkräfte im Schulalltag natürlich auch erleben, wie viele Dinge passieren, ohne dass sie selbst darüber Kontrolle ausüben können. Eine Fokussierung auf das Wesentliche – also die Vermittlung der Lehrplaninhalte – gibt in solchen Situationen eine trügerische Sicherheit. Denn viele Studien konnten zeigen, dass Fachwissen von Schülern nicht nur leicht auswendig gelernt wird, sondern mindestens genauso schnell wieder vergessen wird. Insbesondere mit Blick auf die Zukunft wird auch deutlich, dass kultivierte Handlungsmuster und Einstellungen bei Schülern langfristig nützlicher sind, weil sie nachhaltiger verankert sind und weil reines Wissen immer schneller und kostengünstiger verfügbar sein wird. Schließlich führt die Erfahrung, nicht immer alles kontrollieren zu können, dazu, dass Lehrkräfte übersehen, wie groß der Teil von Schul- und Klassensituationen ist, den sie gezielt beeinflussen können. So hängen beispielsweise die Unterrichtsqualität, die Lernatmosphäre sowie die Lehrer-Schüler-Beziehung unmittelbar von der Lehrkraft und das Interesse sowie die Motivation des Schülers indirekt von ihr ab. Ganz genau betrachtet haben Lehrkräfte eine außerordentlich einflussreiche und machtvolle Position.

Von Lehrkräften **beeinflussbar**	Von Lehrkräfte **wenig/nicht beeinflussbar**
Unterrichtsqualität	Unterstützung von zu Hause
Lehrer-Schüler-Beziehung	Vorwissen des Schülers
Lernatmosphäre	
Interesse des Schülers	
Motivation des Schülers	

Abbildung 2: Von Lehrkräften (nicht) beeinflussbare Schüler- und Schulmerkmale[11]

zu 3)

In ihrer universitären und schulpraktischen Ausbildung investieren Lehrkräfte extrem viel Zeit in ihre fachliche Qualifikation, während die Vorbereitung auf die Aufgabe der Persönlichkeitsentwicklung von Schülern in der Ausbildung zur Lehrkraft nur eine sehr untergeordnete Rolle spielt. Wenn Theorien zur nicht-fachlichen Förderung von Schülern z.B. im Bereich der Psychologie an der Universität oder im Referendariat thematisiert werden, empfinden Lehrkräfte diese häufig als „meilenweit" weg von der täglichen Arbeit in der Schule. Hinzukommt, dass sie sich im schulischen Alltag häufig gar nicht oder nur zu einem kleinen Teil an die zuvor gelernten theoretischen Inhalte erinnern können. Auch wirken die Fülle und Bandbreite an möglicherweise schulrelevanten, wissenschaftlichen Erkenntnissen abschreckend. Im „Hamsterrad Schule" fehlen die Zeit und die Hilfsmittel, um vorhandenes Theoriewissen in praktische Maßnahmen zur nicht-fachlichen Förderung zu

---

[11] Diese Aufzählung dient als Inspiration und erhebt keinen Einfluss auf Vollständigkeit

übersetzen. Dies führt dazu, dass Lehrkräfte mit Ausnahme der Lernpsychologie nur über unzureichende Psychologiekenntnisse im sozial-kognitiven Bereich und entsprechende praktische Umsetzungsmaßnahmen verfügen. Statt einheitliche Kenntnisse in den Bereichen der Kommunikations-, Sozial- und Sozial-Kognitiven-Psychologie festzulegen, die im Rahmen der Lehrerausbildung verpflichtend von allen angehenden Lehrkräften erworben werden, findet der Aufbau psychologischen Handlungswissens bei Lehrkräften bisher unsystematisch und individuell statt. Während des Universitätsstudiums und der schulpraktischen Lehrerausbildung hängt es fast ausschließlich von der einzelnen angehenden Lehrkraft ab, welches psychologische Grundwissen aufgebaut wird. Dies führt dazu, dass Lehrkräfte nicht nur bestimmte Erkenntnisse einfach nicht kennen und nutzen können, sondern auch dazu, dass Lehrkräfte sich autodidaktisch destruktive Verhaltensweisen aneignen und Haltungen einnehmen, die leistungshinderlich auf ihre Schüler wirken.

So erzählen Lehrkräfte beispielsweise davon, dass sie (aus ihren Erfahrungen) gelernt haben, Schüler mit Hilfe von sozialem Druck zu disziplinieren. Mit der Aussage „wenn ihr nicht alle ruhig seid, machen wir heute eine Viertelstunde länger Unterricht" wird dann versucht, ein lernförderliches Klassenklima zu erreichen, um das Arbeitsblatt in dieser einen Stunde noch vollständig besprechen zu können. Dieses Vorgehen mag vielleicht aus der kurzfristigen Zielüberlegung einer Lehrkraft, die Stunde noch möglichst ohne Störungen abhalten zu können und das Geplante zu schaffen, sinnvoll sein, aus psychologischer Sicht ist eine solche Verhaltensweise jedoch höchst fragwürdig und gefährdet eine lernförderliche Lehrer-Klassen-Beziehung.

Weitere alarmierende Einsichten in das Schulleben liefert eine repräsentative Umfrage des Instituts für Demoskopie Allensbach im Auftrag der Vodafone Stiftung Deutschland. So machen 57 Prozent der Lehrkräfte mangelnde Begabung und fehlendes Talent der Kinder für das sozio-ökonomische Bildungsgefälle in Deutschland mitverantwortlich.[12] Dass Schüler aus sozial benachteiligten Verhältnissen ihre Motivation und ihren Glauben an die eigene Weiterentwicklung verlieren, wenn ihre Lehrkräfte zu einem Großteil davon ausgehen, dass sie sich aufgrund von fehlendem Talent und mangelnder Begabung gar nicht weiterentwickeln können, kann dann nicht mehr überraschen.

Bisher bauen Lehrkräfte ihr psychologisches Verhaltensrepertoire im Trial-and-Error-Verfahren zufällig und spontan auf, weil ihnen in der Alltagspraxis die Zeit für ein strukturiertes und planvolles Vorgehen fehlt. Hinzu kommt, dass es keinen Druck und keine explizite Forderung an Lehrkräfte gibt, ihre tägliche Arbeitsweise mit wissenschaftlichen

---

[12] Vgl. Spencer, Rowson & Bamfield (2014, S. 26-27)

Theorien zu belegen. Unterrichtsmethodik wird im Allgemeinen als wichtiger erachtet, als die dahinter liegenden psychologischen Theorien. Daraus entsteht auch die außerordentlich große Überzeugung von Lehrkräften, dass die Sammlung von Praxiserfahrungen der einzig mögliche Weg ist, um psychologisches Handwerkszeug und ein Verständnis für die Psychologie von Jugendlichen zu entwickeln.

Der lehrkraftindividuelle Aufbau dieses persönlichen Methoden- und Verhaltensrepertoires beginnt folglich mit dem ersten Praxiskontakt z.B. in einem Praktikum oder als Referendar an der Schule. Der wesentliche Teil der psychologischen Ausstattung einer Lehrkraft entsteht dann in den ersten Jahren nach der Aufnahme der Berufspraxis als Junglehrer. Dieser Prozess beginnt normalerweise damit, dass mit Hilfe der von Lehrkraft zu Lehrkraft unterschiedlich ausgeprägten Menschenkenntnis und Empathie individuell auf Situationen in der Berufspraxis reagiert wird. Anschließend werden in der Regel subjektiv die Qualität und die zukünftige Wiederverwendbarkeit des eigenen Verhaltens beurteilt. Kollegiale Hospitationen, der Austausch mit anderen (erfahrenen) Lehrkräften sowie ein eigeninitiatives Selbststudium von Büchern oder Internetseiten unterstützen nur teilweise und bei sehr wenigen Lehrkräften diesen Prozess, psychologisches Handwerkszeug für den Berufsalltag zu sammeln. Letztlich entsteht auch unter Einfluss der verschiedenen Lebenswege und Einsatzschulen sowie privaten und beruflichen Erfahrungen mit Psychologie ein stark individuelles, zufälliges Repertoire von psychologischen Werkzeugen und Methoden. Dieser Handwerkskoffer mit psychologischen Werkzeugen und Methoden wird mit Zunahme der Berufsjahre und Erfahrung einer Lehrkraft immer stabiler, so dass sich für jede Lehrkraft typische Reaktions- und Verhaltensmuster bilden. Eine Rücküberprüfung des eigenen, intuitiven Handelns mit psychologischen Theorien findet nur sehr selten statt, was einige Lehrkräfte selbst erstaunt. Lehrkräfte verstehen sich stattdessen größtenteils als reine „Umsetzer", deren Aufgabe es nicht ist, wissenschaftliche Theorien zu hinterfragen. Vielmehr betonen sie in Gesprächen die Hoffnung, dass die von ihnen benutzten Methoden und Werkzeuge auf fundierten Erkenntnissen aus der Wissenschaft basieren, ohne dies jedoch zu überprüfen.

Zusammenfassend kann also festgehalten werden, dass die Nutzung von psychologischen Erkenntnissen im Berufsalltag von Lehrkräften stark verbesserungswürdig ist. Der Aufbau eines psychologischen Rüstzeugs erfolgt bei Lehrkräften bisher weitestgehend unsystematisch und ist individuell verschieden. Die institutionelle und zeitliche Distanz zwischen universitärer Ausbildung und Schulpraxis sowie die alltäglichen Praxisbedingungen in der Schule erschweren zudem sowohl die Umsetzung von psychologischem Handlungswissen in Schule, als auch eine praxisorientierte Weiterbildung in Eigeninitiative.

Eine praxisorientierte Weiterbildung im Laufe der Berufszugehörigkeit wird zudem dadurch erschwert, dass Lehrkräfte tagtäglich so stark auf die Weiterentwicklung (des Wissens) ihrer Schüler konzentriert sind, dass sie darüber hinaus vernachlässigen, sich selbst professionell weiter zu qualifizieren und ihre persönliche Entwicklung gezielt voran zu treiben.

4   Mindset & Selbstwirksamkeit – die Potenzialentfaltungsbox

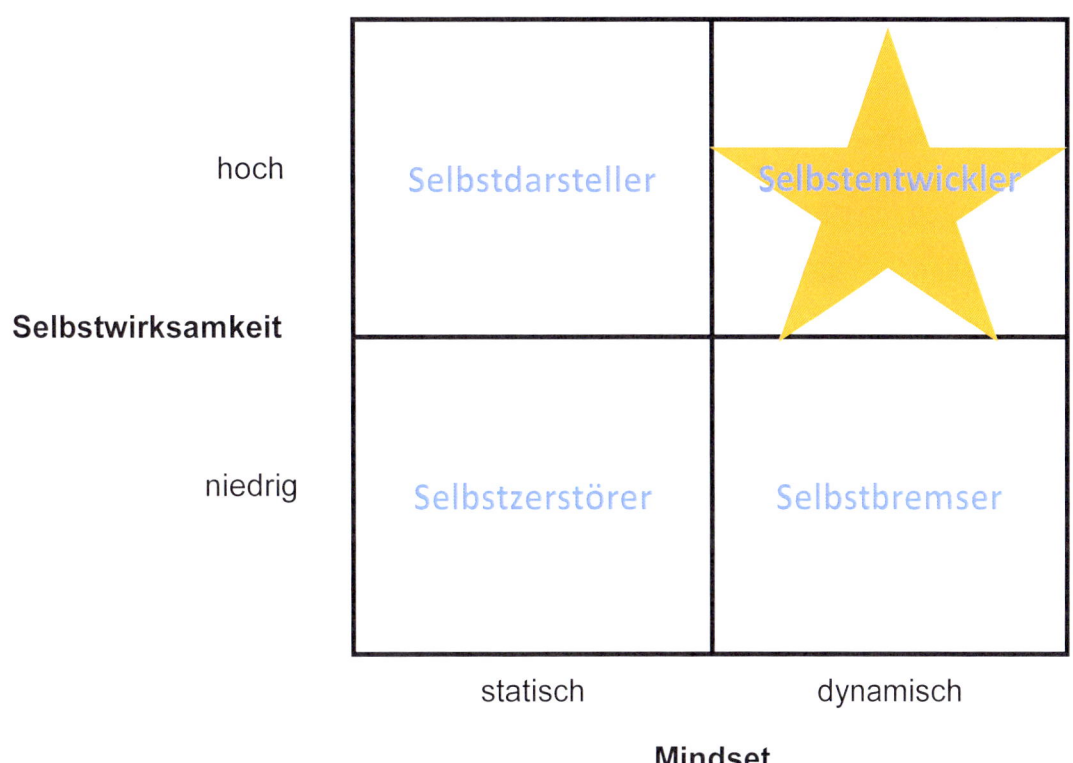

Abbildung 3: Potenzialentfaltungsbox

Die Potenzialentfaltungsbox bietet Lehrkräften auf nicht-fachlicher Ebene Unterstützung, um zukunftsfähig zu unterrichten und Schülern die volle Entfaltung ihres Potenzials zu ermöglichen. Die Grundlage für die Potenzialentfaltungsbox bilden die zwei bereits erwähnten, für die Schulpraxis wichtigsten psychologischen Theorien außerhalb der Lernpsychologie: die Mindset Theorie von Carol Dweck sowie die Theorie der Selbstwirksamkeit von Albert Bandura.

Die Mindset Theorie besagt, dass Schüler dazu tendieren, die für ein bestimmtes Schulfach benötigten Fähigkeiten bei sich selbst entweder als statisch oder als dynamisch und entwickelbar anzusehen. Mit der Selbstwirksamkeit wird das Zutrauen eines Schülers beschrieben, mit seinen Fähigkeiten eine ihm vorliegende Leistungssituation erfolgreich zu meistern und daraufhin tätig zu werden. Dieses Zutrauen kann bei einem Schüler entweder hoch oder niedrig ausgeprägt sein.

Die Potenzialentfaltungsbox ergibt sich aus der 2 x 2 - Matrix mit den Dimensionen Mindset auf der horizontalen Achse und Selbstwirksamkeit auf der Vertikalen. Lehrkräfte können diese Matrix nutzen, um ihre Schüler gemäß der Ausprägungen von Mindset und Selbstwirksamkeit zunächst in der Box zu verorten und anschließend gezielt zu Selbstentwicklern zu formen. Die Potenzialentfaltungsbox ist somit ein Diagnose- und Förderwerkzeug, das Lehrkräften hochrelevante psychologische Theorien aufbereitet und ihnen hilft, ihre über die Vermittlung von Fachwissen hinaus gehenden Einflussmöglichkeiten auf Schüler systematisch und zielgerichtet zu nutzen. Ziel der Potenzialentfaltungsbox ist es, Lehrkräften eine strukturierte und systematische Anwendung von Fördermaßnahmen zu ermöglichen, um den Schülern ein dynamisches Mindset und eine hohe Selbstwirksamkeit zu vermitteln.

4.1 Mindset Theorie – statisches vs. dynamisches Mindset bei Schülern

Den Kern der Mindset Theorie bildet die Unterscheidung zwischen einem statischen Mindset (engl. *fixed mindset*) und einem dynamischen Mindset (engl. *growth mindset*). Die Grundlage dieser Unterscheidung wiederum liegt in den impliziten Theorien (engl. *implicit theories*) sowie den Selbsttheorien (engl. *self-theories*), über die ein Mensch verfügt und mit deren Hilfe er seine Wirklichkeit konstruiert. Carol Dweck zufolge besteht das Mindset eines Menschen aus seinen tiefverankerten Glaubenssätzen und Grundeinstellungen, die bewusst und unterbewusst das Handeln sowie verschiedene, innere Selbstprozesse beeinflussen.[13]

Menschen mit einem statischen Mindset gehen in ihrer individuellen Wirklichkeitskonstruktion davon aus, dass ihre Intelligenz ein unveränderbares Merkmal ihrer Person ist. Menschen mit einem dynamischen Mindset dagegen sind innerlich überzeugt, dass ihre Intelligenz eine entwickelbare bzw. verbesserbare Eigenschaft ist.

Die Frage danach, ob solche Persönlichkeitsmerkmale unweigerlich festgelegt sind oder ob die Intelligenz, Persönlichkeit und Moral eines jeden Menschen gesteuert durch bewusstes Verhalten sowie weitestgehend ungesteuert durch Umwelteinflüsse veränderbar sind, wird in Wissenschaft und Gesellschaft seit Urzeiten gestellt und diskutiert. Das Spektrum der Standpunkte in dieser Anlage-Umwelt-Diskussion ist groß.

Für die Förderung von Schülern ist eine Antwort auf diese Frage nur insofern relevant, als dass bei der Mindset Theorie nicht die ‚wissenschaftliche Wahrheit‘, sondern allein die persönliche Einstellung und Meinung des jeweiligen Schülers selbst als Antwort auf diese Frage zählt. Denn tief in ihrem Inneren verfügen Schüler über unterschiedliche Auffassungen darüber, ob sie in einem bestimmten Schulfach eher begabt oder unbegabt sind. So kann sich ein Schüler beispielsweise seit dem Kindergarten für künstlerisch unbegabt halten und nicht an die Verbesserung seiner Leistungen im Kunstunterricht glauben, gleichzeitig jedoch

---

[13] Vgl. Dweck (2007, S. 9)

im Musikunterricht überzeugt sein, dass sich das eigene musikalische Können durch Mühe und Einsatz kontinuierlich weiterentwickelt. Ebenso trifft man häufig Schüler an, die sich entweder als „mathematisch begabt" oder als „sprachlich begabt" bezeichnen, aber nicht als beides. In Bezug auf konkrete schulische Anforderungssituationen kann es sogar vom Beschreibungstext einer Aufgabe oder der Äußerung einer Lehrkraft abhängig sein, ob Schüler davon ausgehen, dass ihr Talent zur Bewältigung einer Aufgabe ohnehin schon fest steht oder dass es entwickelbar ist.

Die Auswirkungen des Mindsets von Schülern wurden in diversen wissenschaftlichen Studien untersucht, in denen entweder das Mindset zunächst manipuliert oder mit Hilfe einer Selbsteinschätzung der Probanden erhoben wurde. Auch wenn nicht jeder Schüler immer eindeutig einer Mindset-Ausprägung zugeordnet werden konnte, lassen sich bemerkenswerte Unterschiede zwischen Lernenden mit statischem Mindset und Lernenden mit dynamischem Mindset nachweisen.

Das Mindset eines Schülers wirkt vor, während und nach der Leistungserbringung.

Vor der Leistungserbringung unterscheiden sich die Definition von Intelligenz sowie die Zielorientierung.

Schüler mit statischem Mindset schließen Einsatzbereitschaft und Motivation bei ihrer innerlichen Konstruktion von Intelligenz konsequent aus.[14] So sind für sie Misserfolge und sogar Erfolge, die nur unter großem Aufwand erreicht wurden, Zeichen für ihr niedriges Potenzial und ihre persönliche Schwäche.[15] Denn Schüler mit statischem Mindset nehmen sich als intelligent war, wenn sie keine Fehler machen, ihnen etwas mühelos gelingt, sie deutlich besser sind als andere oder sie Aufgaben zügig und richtig erledigen, was sogar völlig unabhängig vom Schwierigkeitsgrad der Aufgaben sein kann.[16]

Schüler mit dynamischem Mindset dagegen betonen Einsatzbereitschaft und Motivation als Teil ihrer Definition von Intelligenz[17] und nehmen sich selbst in den Situationen als intelligent wahr, in denen sie bei etwas Erfolg haben, bei dem sie zuvor gescheitert waren, oder in denen sie sich an etwas abgearbeitet haben.[18] Dies bedeutet zwar nicht, dass Schüler mit dynamischem Mindset der Meinung sind, jeder Mensch könnte mit genug Training und Einsatz auf einem beliebigen Gebiet herausragend werden, aber sie streben danach, ihre Fähigkeiten zu entwickeln und ihr persönliches Potenzial voll auszuschöpfen.

---

[14] Vgl. Mueller & Dweck (1997)
[15] Vgl. Hong, Chiu, Dweck & Lin (1998), Mueller & Dweck (1997), Sorich & Dweck (1997), Stipek & Gralinski (1996)
[16] Vgl. Sorich & Dweck (1997), Dweck & Bempechat (1983)
[17] Vgl. Mueller & Dweck (1997)
[18] Vgl. Sorich & Dweck (1997), Dweck & Bempechat (1983)

In Bezug auf die Zielorientierung zeigt sich, dass Lernende mit statischem Mindset in der Regel Erfolgs- oder Leistungsziele bevorzugen, während Schüler mit dynamischem Mindset es vorziehen, sich Lernziele zu setzen.[19]

Während der Leistungserbringung wirkt sich die Mindset-Ausprägung dann auf die Wahl der Aufgaben und die Bearbeitungsstrategien von Lernenden aus.

Dynamisch denkende Lernende suchen nach Herausforderungen und wollen explizit Schwierigkeiten meistern, um ihre Fähigkeiten weiter zu entwickeln und ihren Selbstwert auf diese Weise zu steigern.[20] Während Lernende mit statischem Mindset Herausforderungen als Gefahr wahrnehmen, ziehen Schüler mit dynamischer Denkweise Motivation und Kraft aus Herausforderungen.[21] So entscheiden sich Schüler mit dynamischem Mindset für herausfordernde und lernfördernde Aufgaben, selbst wenn ihre möglichen Fehler bei diesen Aufgaben öffentlich sichtbar werden.[22] Schüler mit statischem Mindset dagegen entscheiden sich selbst in Fällen, in denen sie über hohes Können verfügen, gegen die Möglichkeit, ihre Fähigkeiten mit herausfordernden, mittelschweren Aufgaben weiterzuentwickeln. Sie präferieren stattdessen leichte Aufgaben, bei denen sie ohne Fehlerrisiko ihr Können demonstrieren können, was bei ihrer Definition von Intelligenz leicht nachzuvollziehen ist. Bei mittlerem bis niedrigem Fähigkeitsniveau besteht zudem die Gefahr, dass Lernende mit statischem Mindset extrem schwere Aufgaben wählen, bei denen sie ein (bereits von ihnen selbst erwartetes) Scheitern vergleichsweise leicht von ihrem Selbstwert fernhalten können. Oder sie wenden so genannte „Selbstbehinderungsstrategien" (engl. *self-handicapping strategies*)[23] an und entscheiden sich beispielsweise dazu, vor einer schweren Klausur bewusst weniger zu lernen oder das Lernen auf die letzte Minute zu verschieben. Ihr Ziel ist, im Anschluss eine Ausrede für ein in dem Fall sogar sehr wahrscheinliches, schlechtes Ergebnis zu haben.[24] Damit riskieren Schüler mit statischem Mindset bewusst langfristige Ziele, um kurzfristig positive (Selbstwert-) Beurteilungen zu erreichen, die sie selbst jedoch zu Unrecht gut fühlen lassen.[25]

Auch in der Auswahl von Lernstrategien wirkt sich ein statisches Mindset bei Lernenden negativ aus. So zeigte sich, dass Schüler mit statischem Mindset als Prüfungsvorbereitung lediglich das Kursbuch oder eigene Aufzeichnungen auswendig lernen und damit weniger ausgereifte Lernstrategien verwenden als Lernende mit dynamischer Denkweise. Denn Lernende mit dynamischem Mindset verfolgen das Ziel, den Stoff zu verstehen und nicht nur

---

[19] Vgl. Graham & Golon (1991), Pintrich & Garcia (1991), Ames & Archer (1988)
[20] Vgl. Dweck & Leggett (1988, S. 266)
[21] Vgl. Blackwell, Trzesniewski & Dweck (2007)
[22] Vgl. Elliot & Dweck (1988, S. 10)
[23] Vgl. Berglas & Jones (1978), Jones & Berglas (1978)
[24] Vgl. Ommundsen (2001), Midgley, Arunkumar & Urdan (1996), Rhodewalt (1994)
[25] Vgl. Zuckermann, Kieffer & Knee (1998)

ein gutes Klausurergebnis zu erzielen. Sie nutzen deshalb intensivere und erfolgreichere Lernstrategien, indem sie beispielsweise Verknüpfungen und Gemeinsamkeiten zwischen Unterthemen suchen. Dies führt dazu, dass sie bessere Leistungsergebnisse erzielen als statisch denkende Lernende.[26]

Darüber hinaus motivieren sich Lernende mit dynamischem Mindset selbst und planen ihren Lernprozess so, dass sie auch motiviert bleiben. In Extremfällen kann es sogar so sein, dass Menschen mit dynamischem Mindset weniger Erschöpfung spüren und sich weiterhin stärker anstrengen, als Menschen mit statischer Denkweise.[27] Menschen mit dynamischem Mindset kommen selbst dann nicht auf die Idee, mangelnde Intelligenz für ihre Schwierigkeiten verantwortlich zu machen, wenn sie nur über eine sehr niedrige Selbstwirksamkeit in Bezug auf ihre eigene Intelligenz verfügen.[28]

Nach der Leistungserbringung beeinflusst die Mindset-Ausprägung schließlich auch die Reaktion auf Erfolg bzw. Misserfolg sowie den Umgang mit Feedback.

Die typischen Reaktionen auf Erfolg oder Misserfolg sind ein weiterer Zeitpunkt, an dem sich deutliche Unterschiede zwischen den Trägern der jeweiligen Mindset-Ausprägungen zeigen. So reagieren Schüler mit statischer Denkweise und niedrigem Fähigkeitsniveau in rund 30% der Fälle mit negativen Gefühlsäußerungen auf ein Scheitern.[29] Lernende mit statischem Mindset scheinen keine Konzepte zu haben, wie sie mit eigenen Misserfolgen sinnvoll umgehen können. Stattdessen entscheiden sie sich in solchen Situationen dazu, entweder aufzugeben, anderen die Schuld zu geben, moralisch fragwürdige Lösungen zu finden wie z.B. bei der nächsten Klassenarbeit zu schummeln oder nach anderen Ausschau zu halten, die in einer solchen Anforderungssituation noch schlechter abgeschnitten haben.[30] Schüler mit statischer Denkweise sind dann besonders zufrieden mit sich selbst, wenn ihnen Aufgaben leicht fallen und sie besser sind als andere.[31] Dadurch leiden sie besonders häufig an einem bedingten Selbstwert (engl. *contingent self-worth*), weil sie nach eigenen Fehlern krasse Zurückweisung von ihrem sozialen Umfeld insbesondere von ihren Eltern und Lehrern erwarten sowie sich selbst und ihren eigenen Wert in Frage stellen.[32] Zudem haben Bewertungen für Schüler mit statischem Mindset einen hohen Endgültigkeitscharakter. Denn sie gehen davon aus, dass eine bestimmte akademische Leistungsaufgabe nicht nur ihre spezifischen Fähigkeiten zur Bearbeitung dieser Aufgabe, sondern auch ihre Intelligenz im

---

[26] Vgl. Grant & Dweck (2003)
[27] Vgl. Job, Dweck & Walton (2010, S. 1692)
[28] Vgl. Erdley, Cain, Loomis, Dumas-Hines & Dweck (1997)
[29] Äußerungen beinhalteten beispielsweise „This is boring.", „My stomach hurts." oder "I'm going to hate this part." (Elliott & Dweck, 1988, S. 10)
[30] Vgl. Dweck (2007, S. 47), Dweck & Sorich (1999, S. 241), Wood & Bandura (1989a, S. 414)
[31] Vgl. Dweck & Leggett (1988, S. 266)
[32] Vgl. Dweck (1999, S. 115)

Allgemeinen sowie ihr zukünftiges Intelligenzpotenzial misst.[33] In der statischen Herangehensweise wird eine Handlung bzw. eine Momentaufnahme („Ich habe versagt.") schnell zu einem dauerhaften Zustand („Ich bin ein Versager.").[34] Dies führt dazu, dass insbesondere Schüler mit statischem Mindset in Prüfungssituationen unter einem enorm hohen Leistungsdruck leiden. Im Anschluss an Prüfungssituationen legen Schüler mit statischem Mindset ihre Aufmerksamkeit deshalb vor allem auf die Bewertung ihrer Antworten (richtig vs. falsch). Sie sind nicht so sehr intrinsisch motiviert, etwas dazu zu lernen, sondern vielmehr extrinsisch motiviert, gut bewertet zu werden.[35] Selbst wenn sie eine falsche Antwort geben, sind sie an der richtigen Antwort, einer Erklärung und an zusätzlichem Hintergrundwissen nicht interessiert.[36] Stattdessen wollen sie ihren Selbstwert schützen. Dies erklärt auch, warum sich Lernende mit statischem Mindset nach Bekanntgabe von Prüfungsergebnissen vor allem Arbeiten anschauen wollen, die schlechter bewertet wurden als ihre eigenen. Im Vergleich dazu interessieren sich Lernende mit dynamischem Mindset stattdessen mehr für Arbeiten mit besseren Ergebnissen.[37] Als Konsequenz entwickeln Schüler mit statischem Mindset die Neigung, eigene positive Bewertungen in den Vordergrund zu stellen und negatives Feedback zu verdrängen, was zu unrealistischen Selbsteinschätzungen führt, die zu positiv ausfallen.[38]

Ein guter Umgang mit Feedback und eine konstruktive Reaktion auf Misserfolg werden durch ein dynamisches Mindset bei Schülern begünstigt. Mit Hilfe der Messung von Gehirnwellen wurde beispielsweise festgestellt, dass Lernende mit dynamischer Denkweise bei falsch beantworteten Fragen besonderes Interesse an zusätzlichen Hintergrundinformationen zeigen und damit verdeutlichen, dass sie etwas dazulernen wollen.[39] In einer Studie mit afroamerikanischen Lernenden war darüber hinaus ein dynamisches Mindset dafür verantwortlich, dass Lernende überhaupt Feedback angenommen und positiv genutzt haben und zwar unabhängig von ihrer Einschätzung des Feedbackgebers, eines vorsätzlich arrogant agierenden, weißen Professors.[40] Schließlich zeigen sich insbesondere auch beim Umgang mit Misserfolgen die günstigen Auswirkungen eines dynamischen Mindsets. So neigen Lernende mit dynamischer Denkweise unabhängig von ihrem Fähigkeitsniveau nicht dazu, mit negativen Gefühlsäußerungen auf Scheitern zu reagieren, weil sie stattdessen Misserfolg als Aufforderung verstehen, sich beim nächsten Mal mehr anzustrengen bzw. sich

---

[33] Vgl. Stone (1998)
[34] Vgl. Dweck (2007, S. 44), Dweck & Leggett (1988, S. 264)
[35] Vgl. Cury, Elliot, Da Fonseca & Moller (2006) „Studie2", Aronson, Fried & Good (2002)
[36] Vgl. Mangels, Butterfield, Lamb, Good & Dweck (2006)
[37] Vgl. Nussbaum & Dweck (2008), Niiya, Crocker & Bartmess (2004)
[38] Vgl. Dweck (2007, S. 20), Broome (1998, S. 56)
[39] Vgl. Mangels, Butterfield, Lamb, Good & Dweck (2006), Dweck, Mangels & Good (2004)
[40] Vgl. London, Downey & Dweck (2009)

besser vorzubereiten.[41] Bei gleichem akademischem Fähigkeitsniveau, bei gleichem Selbstbewusstsein und bei gleicher Wertschätzung ihrer Ausbildung reagieren Lernende mit dynamischem Mindset deutlich positiver auf hypothetische Rückschläge als Lernende, die entweder über ein fixes Mindset oder über Symptome einer Depression verfügen. Konkret verbinden Lernende mit dynamischem Mindset zwar auch Schmerzen oder negative Gefühle mit Niederlagen, aber ihr Selbstwertgefühl leidet bei weitem nicht so stark wie das von Menschen mit statischem Mindset.[42] Daraus ergibt sich für dynamisch denkende Schüler ein ungetrübter Blick auf ihr tatsächliches Fähigkeitsniveau, was zu einer akkurateren Einschätzung der eigenen Fähigkeiten führt, als dies bei Menschen mit statischem Selbstbild der Fall ist.[43] Eine Erklärung für den konstruktiven Umgang mit Misserfolg von Schülern mit dynamischen Denkweise ist schließlich auch das Zusammenspiel zwischen dynamischem Mindset und Selbstwirksamkeit. Denn der Glaube an die Entwicklungsfähigkeit der eigenen Fähigkeiten verringert die Reduktion von Selbstwirksamkeit in Fällen von Misserfolg oder Schwierigkeiten. So setzen sich dynamisch denkende Lernende trotz eines deutlichen Misserfolgs herausfordernde Ziele und nutzen anspruchsvolle Problemlösungsstrategien.[44]

Insgesamt erreichen dynamisch denkende Lernende deutlich bessere Leistungsergebnisse als Lernende mit statischem Mindset.

4.2   Selbstwirksamkeitstheorie – niedrige vs. hohe Selbstwirksamkeit bei Schülern

Der Begriff Selbstwirksamkeit ist eine Kombination aus den Worten *selber* und *Wirksamkeit* und beschreibt die Überzeugung eines Menschen bzw. eines Schülers, mit den eigenen Fähigkeiten eine vorliegende Anforderungssituation erfolgreich meistern zu können und sie aus eigenem Antrieb heraus aktiv anzugehen.

Selbstwirksamkeit kann deshalb als Ergänzung zur Ergebniserwartung bei der Vorhersage und Erklärung von Schülerverhalten helfen. Denn, während die Ergebniserwartung (engl. *outcome expectations*) eines Schülers den Zusammenhang zwischen seiner Verhaltensweise und der von ihm damit antizipierten Konsequenz beschreibt, entspricht die Selbstwirksamkeit seiner Wahrscheinlichkeitseinschätzung, dass er diese bestimmte Verhaltensweise auch erfolgreich ausüben kann.[45]

---

[41] Vgl. Elliott & Dweck (1988, S. 10)
[42] Vgl. Robins & Pals (2002)
[43] Vgl. Dweck (2007, S. 20), Broome (1998, S. 56)
[44] Vgl. Wood & Bandura (1989a)
[45] Vgl. u.a. Schwarzer (1992), Bandura (1977a, S. 193)

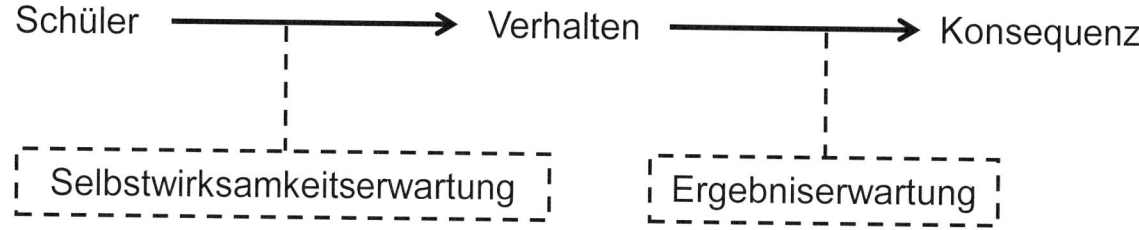

Abbildung 4: Unterscheidung von Selbstwirksamkeit und Ergebniserwartung

Ein Beispiel für eine Ergebniserwartung ist beispielsweise, dass ein Schüler davon ausgeht, dass er von seinem Lehrer ein Lob und von seiner Oma 5 Euro bekommt, wenn er in der nächsten Mathearbeit eine Eins schreibt. Die entsprechende Selbstwirksamkeitserwartung ist dann das Maß seiner Überzeugung, mit seinen vorhanden Fähigkeiten und Kenntnisse tatsächlich eine sehr gute Mathearbeit zu schreiben.

Als hierarchisches Konzept kann die Höhe der Selbstwirksamkeit auf unterschiedlich abstrakten Ebenen untersucht werden. So verfügen Schüler beispielsweise über schulfachspezifische Selbstwirksamkeiten und auf einer konkreteren Ebene auch über aufgabenspezifische Selbstwirksamkeiten, darunter zum Beispiel im Fach Deutsch Selbstwirksamkeiten in Bezug auf die Bearbeitung von kreativen Schreibaufgaben, von Grammatikübungen, von Leseverständnisaufgaben oder von Rollenspielen. Die Höhe einer betrachteten Selbstwirksamkeit gibt dabei immer Auskunft darüber, ob sich die Selbstwirksamkeit einer Person durch Hindernisse und Rückschläge reduzieren lässt.[46] Grundsätzlich kann davon ausgegangen werden, dass sich die Höhe der Selbstwirksamkeit auf oberer Ebene aus einer Zusammensetzung der für diesen Bereich relevanten, spezifischen Selbstwirksamkeitshöhen ergibt. Gleichzeitig kann auch eine Abhängigkeit der Höhe der spezifischen Selbstwirksamkeit von der übergeordneten, generellen Selbstwirksamkeit erwartet werden.

Zum Beispiel würde bei der Einführung eines neuen Unterrichtsthemas die Höhe der spezifischen Selbstwirksamkeit zur Bearbeitung dieses Themas bei einem Schüler von der Höhe seiner allgemeinen fachspezifischen Selbstwirksamkeit sowie einer situationsbedingten Anpassung abhängen. Einfluss auf die Höhe dieser situationsbedingten Anpassung wiederum haben dann unter anderem Einflussfaktoren wie die Lehrkraftunterstützung, der erwartete Schwierigkeitsgrad des Themas und die Erfahrungen des Schülers bei vorherigen Themeneinführungen in diesem Fach.

---

[46] Vgl. Bandura (1977a, S. 195)

Selbstwirksamkeit ist für Bildungsforscher und -praktiker deshalb sehr relevant, weil ein Rückgang von Selbstwirksamkeit bei Schülern zu einer Verringerung ihrer Lernfreude und einer Verschlechterung ihrer Noten führt. Eine Steigerung von Selbstwirksamkeit sorgt dagegen für eine erhöhte Lernfreude und wirkt einem negativen Leistungstrend entgegen. So können der Gefühlszustand, die Motivation, das Verhalten und die Leistung von Schülern mit der Höhe ihrer Selbstwirksamkeit in Zusammenhang gebracht werden.

Für das Verhalten eines Akteurs in Stress verursachenden Anforderungssituationen zeigt sich beispielsweise, dass je stärker seine Selbstwirksamkeit ist, desto mutiger ist sein Handeln und desto erfolgreicher ist es ihm möglich, die Anforderungssituation zum Positiven hin zu verändern.[47] Auch biologische Prozesse hängen von der Höhe der Selbstwirksamkeit ab. So zeigen Studien, dass Probanden mit niedriger Selbstwirksamkeit unter einer erhöhten Herzfrequenz, ansteigendem Blutdruck und einer verstärkten Ausschüttung von Katecholaminen (Adrenalin, Dopamin etc.) leiden, während Probanden mit hoher Selbstwirksamkeit in den gleichen Anforderungssituationen gegenüber solch negativen körperlichen Auswirkungen immun sind.[48]

Auch die Motivation und das Verhalten von Schülern in Leistungssituationen werden durch die Selbstwirksamkeit beeinflusst. Dabei wirkt sich die Höhe der Selbstwirksamkeit ebenso wie das Mindset vor, während und nach der aktiven Leistungserbringung aus.

Sollte ein Schüler mehrere Handlungsoptionen für die Bewältigung einer Anforderungssituation haben, dann spielt Selbstwirksamkeit zunächst eine entscheidende Rolle in seinem Selektionsprozess für ein bestimmtes Verhalten. Dies wurde vor allem in Studien zur Kurswahl und zu Karrierewegen untersucht.[49] Schüler entscheiden sich dabei in der Regel für den Leistungskurs, für den sie sich selbst die höchste spezifische Selbstwirksamkeit zuschreiben. Zudem wirkt sich eine hohe allgemeine Selbstwirksamkeit bei Schülern auch auf die Vielfalt der in Betracht gezogenen Handlungsoptionen und die Intensität seiner Auseinandersetzung aus, so dass Schüler mit hoher Selbstwirksamkeit bei der Verhaltenswahl insgesamt erfolgreicher sind.[50]

Darüber hinaus neigen Schüler mit hoher Selbstwirksamkeit dazu, sich positive bzw. erfolgreiche Zukunftsszenarien vorzustellen, in denen sie bei der Leistungserbringung zum Beispiel von sozialer Unterstützung profitieren. Dies führt dazu, dass sie zusätzliche Anhaltspunkte gewinnen, wie sie Anforderungssituationen tatsächlich erfolgreich meistern können. So vermeiden sie Stress und Ängste, die bei Personen mit geringer

---

[47] Vgl. Bandura (1995, S. 9)
[48] Vgl. Bandura, Taylor, Williams, Mefford & Barchas (1985), Bandura, Reese & Adams (1982)
[49] Vgl. Bandura (1992, S. 31)
[50] Vgl. Blustein (1989), Lent & Hackett (1987), Betz & Hackett (1986)

Selbstwirksamkeit in den gleichen Anforderungssituationen durch die Vorstellung von Hindernissen, Risiken und Rückschlägen sowie durch die oben beschriebenen körperlichen Auswirkungen entstehen.[51] So hängt es auch von der Höhe der Selbstwirksamkeit ab, ob Schüler eine Anforderungssituation eher als Herausforderung oder als Gefahr begreifen, was wiederrum Auswirkungen auf ihren Erfolg hat.[52] Schließlich neigen Schüler mit hoher Selbstwirksamkeit dazu, sich besonders herausfordernde Ziele zu setzen und diese zu erreichen.

Während der Leistungserbringung unterstützt eine hohe Selbstwirksamkeit dann die kognitive Leistung und die Motivation.[53] So erhöht sich mit steigender Selbstwirksamkeit auch das Verpflichtungsgefühl von Schülern, während des Leistungsprozesses die selbst gesteckten Ziele zu erreichen.[54] Parallel zur Leistungserbringung messen Schüler zudem intuitiv die eigene Zufriedenheit mit der gezeigten Leistung stetig an ihren selbst gesetzten Zielen. Lernende mit hoher Selbstwirksamkeit reagieren dann auf einen positiven Leistung-Ziel-Vergleich mit der kontinuierlichen Anpassung ihrer Ziele nach oben oder mit verstärktem Aufwand, sollte der Leistung-Ziel-Vergleich negativ ausfallen. So erzielen sie bessere Leistungsergebnisse als Lernende mit einer niedrigen Selbstwirksamkeit.[55]

Schließlich können auch bei der Ergebnisbewertung und -interpretation im Anschluss an die Leistungserbringung Einflüsse von Selbstwirksamkeit nachgewiesen werden. So sind die Ursachenzuschreibungen von Erfolgen und Misserfolgen bei Akteuren mit hoher Selbstwirksamkeit deutlich günstiger als bei denen mit geringer Selbstwirksamkeit.[56]

Insgesamt treten zwischen den beschriebenen Auswirkungen von Selbstwirksamkeit regelmäßig Wechselwirkungen auf, weil diese Prozesse in den für die Schule typischen Leistungssituationen gleichzeitig ablaufen und sich gegenseitig beeinflussen. Das führt dazu, dass die Höhe der Selbstwirksamkeit bei Schülern aufgrund von sich selbst verstärkenden Effekten in der Regel entweder spiralförmig steigt oder in einer Art Teufelskreis sinkt.

So tendieren Schüler mit geringer Selbstwirksamkeit unabhängig von ihrem tatsächlichen Leistungsvermögen dazu, herausfordernde Aufgaben zu meiden. Durch dieses Verhalten reduzieren sie ihre Chance auf realistische Erfolgserlebnisse, die durch das Meistern anspruchsloser Aufgaben nicht entstehen. Doch auch wenn sie eine Herausforderung annehmen, ist die erfolgreiche Bewältigung für Schüler mit niedriger Selbstwirksamkeit besonders schwer, weil sie unter einem unverhältnismäßig hohen Stress leiden, der ihre

---

[51] Vgl. Bandura (1995, S. 6)
[52] Vgl. Jerusalem & Mittag (1995)
[53] Vgl. Wood & Bandura (1989b)
[54] Vgl. Locke & Latham (1990)
[55] Vgl. Wood & Bandura (1989b)
[56] Vgl. Grove (1993)

Aufmerksamkeit und ihr analytisches Denkvermögen beeinträchtigt. Sie neigen dazu, schnell aufzugeben und begründen ihren Misserfolg vorzugsweise mit ungünstigen Faktoren wie der eigenen Unfähigkeit, anstatt variable Faktoren außerhalb ihres Selbst für den fehlenden Erfolg verantwortlich zu machen.[57] Diese Verhaltensweise führt so immer wieder zu Misserfolgen, die ihrerseits die Selbstwirksamkeit reduzieren und weitere Erfahrungen des Scheiterns begünstigen. Am Ende einer solchen Entwicklung entsteht dann eine „Illusion von Inkompetenz"[58], die sich schlimmstenfalls über die gesamte Schullaufbahn des Schülers hält.

Im positiven Fall kann sich mittels des gleichen Mechanismus aus einer anfänglich hohen Selbstwirksamkeit eine Spirale immer weiter steigender Selbstwirksamkeit ergeben. So setzen sich Schüler mit ausgeprägter Selbstwirksamkeit verstärkt herausfordernde Ziele, die wiederum zu einer erhöhten Motivation beitragen. Diese erhöhte Motivation ihrerseits ist Voraussetzung dafür, dass sie auch bei drohenden Rückschlägen oder aufkommenden Problemen ihre Ziele durch eine Verstärkung des Aufwands und eine größere Beständigkeit erreichen. Sollten sie ihre herausfordernden Ziele trotz intensiver Anstrengung nicht erreichen, hilft die günstige Ursachenzuschreibung von Schülern mit hoher Selbstwirksamkeit, ihren Selbstwert und ihre Selbstwirksamkeitshöhe zu schützen. Denn für Schüler mit hoher Selbstwirksamkeit sind viel eher ungünstige Rahmenbedingungen oder eine falsche Lösungsstrategie als eigenes Unvermögen für einen Misserfolg verantwortlich. Auf diese Weise bleiben auch zunächst verpasste Ziele für Schüler mit hoher Selbstwirksamkeit in der Zukunft weiterhin erreichbar.

---

[57] Vgl. Bandura, Adams, Hardy & Howells (1980)
[58] Vgl. Langer (1979)

5   Die Potenzialentfaltungsbox als Diagnose-Werkzeug

Wird die Potenzialentfaltungsmatrix als Diagnoseinstrument eingesetzt, betrachtet eine Lehrkraft immer den einzelnen Schüler und versucht ihn einem der vier Quadranten der Matrix zuzuordnen. Dabei können das Mindset und die Selbstwirksamkeit eines Schülers entweder auf der schulischen Ebene oder auf der unterrichtsfachspezifischen Ebene eingeschätzt werden:

Fragen, um die psychische Ausgangslage eines Schülers zur Leistungserbringung in der Schule allgemein zu bestimmen, sind:

1. Glaubt der einzelne Schüler, dass seine schulischen Fähigkeiten grundsätzlich begrenzt sind (z.B. weil sie natürlich oder genetisch vorbestimmt sind) oder hält er sie durch Einsatz und Mühe für verbesserbar?

2. Glaubt der einzelne Schüler, dass er die Anforderungssituationen der Schule mit seinen Fähigkeiten meistern kann und tut er dies auch?

Fragen, um die psychische Ausgangslage eines Schülers zur Leistungserbringung in einem bestimmten Unterrichtsfach zu bestimmen, sind:

1. Glaubt der einzelne Schüler, dass seine Fähigkeiten im Fach X grundsätzlich begrenzt oder durch Einsatz und Mühe verbesserbar sind?

2. Glaubt der einzelne Schüler, dass er die Anforderungssituationen im Fach X mit seinen Fähigkeiten meistern kann und tut er dies auch?

Da dieses Buch das Ziel hat, Lehrkräften möglichst konkrete Hinweise und Tipps für ihre praktische Arbeit in der Schule zu geben, wird im Folgenden die Nutzung der Potenzialentfaltungsmatrix auf unterrichtsfachspezifischer Ebene betrachtet.

5.1   Bestimmung des unterrichtsfachspezifischen Mindsets eines Schülers

Um die erste Frage nach dem Mindset des Schülers zu beantworten, muss sich der Fachlehrer genau überlegen, wie sehr ein Schüler Y an die Entwicklungspotenziale seiner Fähigkeit und seiner Leistung im Fach X glaubt. Ist der Schüler überzeugt, dass er mit Fleiß, Konzentration und Einsatz seine Fähigkeit und Leistung in dem Fach X verbessern kann, ist er auf der horizontalen Achse dem dynamischen Mindset zuzuordnen, andernfalls dem statischen Mindset.

Empirische Forschungsergebnisse kommen zu dem Ergebnis, dass circa 15 bis 25 Prozent der Menschen keiner Mindset-Ausprägung eindeutig zuzuordnen sind und dass die restlichen 85 bis 75 Prozent im Verhältnis von 2:1 eher zum dynamischen Mindset neigen. Wichtig zu wissen ist jedoch, dass diese Ausprägung – insbesondere bei Schülern – nicht stabil ist und Lehrkräfte sie gezielt beeinflussen können.

Im Rahmen meiner Arbeit mit Schulen habe ich in den letzten Jahren viele formelle und informelle Gespräche mit Lehrkräften geführt. Dabei ist deutlich geworden, dass eine Mehrzahl der Lehrkräfte sich – auch ohne vorherige Kenntnis der Mindset Theorie – zutraut, bei vielen ihrer Schüler die Ausprägung des Mindsets ,aus dem Bauch heraus' bestimmen zu können[59]. Die folgende Tabelle verdeutlicht überblickartig, wie sich Schüler der beiden Mindset-Ausprägungen unterscheiden. Diese tabellarische Übersicht soll Lehrkräften in der Praxis helfen, das Mindset ihrer Schüler auf Basis ihrer täglichen Erfahrungen, ihrer Beobachtungen und ihres Bauchgefühls besser einzuschätzen.

Typische Unterscheidungsmerkmale von Schülern mit statischem und dynamischem Mindset[60]	
Schüler mit **statischem** Mindset...	Schüler mit **dynamischem** Mindset...
... wollen sich und ihren Selbstwert beweisen bzw. schützen	... wollen etwas dazulernen
... meiden Risiken, Herausforderungen und Anstrengungen	... fühlen sich durch Aussagen wie ,Du kannst das nicht' herausgefordert
... nehmen mit wenig Anstrengungen erreichten Erfolg als besonders wertvoll war	... nehmen mit viel Anstrengung erreichten Erfolg als besonders wertvoll wahr
... sehen Intelligenz als ein ihnen vorgegebenes, weil angeborenes Potenzial	... sehen Intelligenz als Zusammenspiel aus Wissen, Fähigkeiten und Einstellungen
... reagieren in besonderem Maße mit negativen Emotionen auf schlechte Noten	... reagieren mit erhöhtem Einsatz auf schlechte Noten
... vergleichen sich gerne mit anderen	... vergleichen sich vor allem mit sich selbst
... überschätzen sich leicht	... können ihre Fähigkeiten akkurat einschätzen
... setzen sich eher Leistungs- als Lernziele	... setzen sich lieber Lern- statt Leistungsziele
... sind besonders anfällig für Leistungsdruck und Prüfungsangst	

Abbildung 5: Unterscheidungsmerkmale von Schülern mit statischem und dynamischem Mindset

---

[59] In meiner Dissertation gaben sieben von zwanzig interviewten Lehrkräften an, dass sie es sich zutrauen, das Mindset bei der Mehrzahl der Schüler in ihren Kursen richtig einzuschätzen, während lediglich drei äußerten, dass sie sich die korrekte Einordnung eher nicht zutrauen.
[60] Beispielgebende Auflistung ohne Anspruch auf Vollständigkeit

Neben der Einschätzung des Mindsets eines Schülers auf Basis von Beobachtungen und des Bauchgefühls können Lehrkräfte selbstverständlich auch auf Methoden zurückgreifen, die von Wissenschaftlern in der empirischen Forschung verwendet werden, um Schüler entweder dem statischen oder dem dynamischen Mindset zuzuordnen. Dazu ist im Folgenden die drei Item starke Skala vorgestellt, mit der insbesondere Carol Dweck in wissenschaftlichen Experimenten das Mindset von Schülern bestimmt.

Skala zur Erfassung des Mindsets von Schülerinnen und Schülern[61]					
1. Du hast eine bestimmte Intelligenz *im Fach X* und daran kannst du wenig ändern.					
☐	☐	☐	☐	☐	☐
stimme voll zu	stimme zu	stimme eher zu	stimme eher nicht zu	stimme nicht zu	stimme überhaupt nicht zu
2. Deine Intelligenz *im Fach X* ist etwas an dir, das du nicht wirklich verändern kannst.					
☐	☐	☐	☐	☐	☐
stimme voll zu	stimme zu	stimme eher zu	stimme eher nicht zu	stimme nicht zu	stimme überhaupt nicht zu
3. Du kannst neue Dinge lernen, aber deine eigene Grundintelligenz *im Fach X* kannst du nicht verändern.					
☐	☐	☐	☐	☐	☐
stimme voll zu	stimme zu	stimme eher zu	stimme eher nicht zu	stimme nicht zu	stimme überhaupt nicht zu

Abbildung 6: Skala zur Erfassung des Mindsets von Schülern

Mit Hilfe dieser Skala können Lehrkräfte ihre Schüler direkt zu ihrem allgemeinen Mindset in Bezug auf Intelligenz befragen oder – *durch Eingrenzung auf ein Fach* – sogar ihr fachspezifisches Mindset erheben. Dazu werden den Antwortmöglichkeiten Zahlen von 1 (‚stimme voll zu') bis 6 (‚stimme überhaupt nicht zu') zugeordnet und für jeden Schüler ein Durchschnittswert errechnet. Ein höherer Durchschnittswert deutet dabei auf ein stärker dynamisch orientiertes Mindset hin. Anschließend werden Schüler mit einem Durchschnittswert von 4,0 oder höher dem dynamischen Mindset zugeordnet.[62]

---

[61] Durch den Autor ins Deutsche übertragene und auf ein Schulfach angepasste „Implicit Theories of Intelligence Scale for Children" (Dweck C. S., 1999, S. 177). Eine Kopiervorlage dieser Skala befindet sich im Anhang.
[62] Vgl. Dweck, Chiu & Hong (1995, S. 269)

Für die Anwendung in der Schulpraxis empfiehlt es sich, den übrigen Schülern ein eher statisches Mindset zuzuschreiben. Je niedriger der Durchschnittswert eines Schülers ist, desto weiter links wird er in der Potenzialentfaltungsmatrix einsortiert. Insbesondere bei Schülern mit Durchschnittswerten von 3,0 oder niedriger besteht die Gefahr, dass ihr Lernen und ihre Motivation stark unter einem statischen Mindset leiden, so dass sich in diesen Fällen für die Lehrkraft ein dringender Handlungsbedarf ergibt.

Unabhängig von der genutzten Bestimmungsmethode sollte die Einordnung der Mindset-Ausprägung eines Schülers stets im Kontext ihrer Erhebungsmethode (Selbsteinschätzung vs. Beobachtung) sowie als Tendenz und nicht als stabiles Merkmal oder als objektive Realität über den Schüler verstanden werden. Um eine möglichst hohe Validität bzw. eine korrekte Bestimmung der Mindset-Ausprägung zu erreichen, bietet es sich Lehrkräften daher an, beide Erhebungsmethoden miteinander und/oder auch mit weiteren quantitativen und qualitativen Erhebungsverfahren zu kombinieren.

5.2 Bestimmung der unterrichtsfachspezifischen Selbstwirksamkeit eines Schülers

Hat man als Lehrkraft das im eigenen Unterricht vorherrschende Mindset eines einzelnen Schülers bestimmt, sollte man in einem zweiten Schritt versuchen, die auf den eigenen Fachunterricht bezogene Selbstwirksamkeit dieses Schülers einzuschätzen. Dabei ist zunächst zu beachten, dass Selbstwirksamkeit ein im Vergleich zum Mindset spezifischeres und variableres Konzept ist, das sich beispielsweise auch in konkreter Abhängigkeit von den im Unterricht zu bearbeitenden Aufgaben verändern kann. So kann zum Beispiel eine Schülerin, die grundsätzlich über eine hohe Selbstwirksamkeit im Mathematikunterricht verfügt, in Bezug auf Textaufgaben nur eine ganz geringe Selbstwirksamkeit aufweisen und sich nicht trauen, diese an der Tafel vorzurechnen. Oder ein Schüler, der im Deutschunterricht allgemein eher eine niedrige Selbstwirksamkeit hat, verfügt bei Aufgaben zum szenischen Spiel über eine besonders hohe Selbstwirksamkeit und stellt sich regelmäßig freiwillig für Rollenspiele zur Verfügung. Die Potenzialentfaltungsmatrix hilft Lehrkräften folglich nicht nur systematisch, wenn sie bei der Schuljahresplanung und Unterrichtsvorbereitung allgemein über die Schüler in ihren Kursen nachdenken, sondern als Struktur im Kopf kann sie gerade auch in ganz konkreten Unterrichtssituationen eingesetzt werden, in denen bestimmte Anforderungssituationen anstehen und einzelne Schüler gezielt motiviert und bestärkt werden sollen.

Hoch selbstwirksame Schüler zeigen bei der Aufgabenbearbeitung in der Regel von sich aus mutiges und selbstbewusstes Verhalten, während Schüler mit niedriger Selbstwirksamkeit meistens zunächst abwartend und passiv sind. Mit Übung und Erfahrung können Lehrkräfte intuitiv die Selbstwirksamkeit einzelner Schüler ‚aus dem Bauch heraus' einschätzen. Als Unterstützung dazu listet die folgende Tabelle einige Merkmale der unterschiedlichen Ausprägungen auf:

Unterscheidungsmerkmale von Schülern mit hoher und niedriger Selbstwirksamkeit[63]	
Schüler mit **niedriger** Selbstwirksamkeit …	Schüler mit **hoher** Selbstwirksamkeit …
… setzen sich entweder sehr leicht oder unmöglich zu erreichende Ziele	… setzen sich herausfordernde Ziele
… stellen sich eher Misserfolgsszenarien vor	… stellen sich eher Erfolgsszenarien vor
… reagieren mit Aufgabe oder Resignation auf Schwierigkeiten	… reagieren mit erhöhtem Einsatz auf Schwierigkeiten
… neigen dazu, Erfolge externen und variablen Ursachen (z.B. Glück) zuzuschreiben	… neigen dazu, Erfolge internen und stabilen Ursachen (z.B. eigener Begabung) zuzuschreiben
… neigen dazu, Misserfolge internen und stabilen Ursachen (z.B. eigener Unfähigkeit) zuzuschreiben	… neigen dazu, Misserfolge externen und variablen Ursachen (z.B. Pech) zuzuschreiben
… steigern sich in Angst hinein	… gehen in Risiko-Situationen mutig vor

Abbildung 7: Unterscheidungsmerkmale von Schülern mit hoher und niedriger Selbstwirksamkeit

Auch für die Bestimmung der Selbstwirksamkeit haben Wissenschaftler verschiedene Skalen entwickelt, die von Lehrkräften in Form von schriftlichen Schülerbefragungen genutzt werden können, um Schüler in einen Quadranten der Potenzialentfaltungsmatrix einzuordnen. Eine beispielhaft auf das Unterrichtsfach Mathematik angepasste, gekürzte Selbstwirksamkeits-skala lautet wie folgt:

---

[63] Beispielgebende Auflistung ohne Anspruch auf Vollständigkeit

Skala zur Erfassung der unterrichtsfachspezifischen Selbstwirksamkeit[64]

1. Ich kann auch die schwierigen Aufgaben im *Mathematikunterricht* lösen, wenn ich mich anstrenge.

    ☐ stimmt nicht   ☐ stimmt kaum   ☐ stimmt eher   ☐ stimmt genau

2. Wenn ich *im Mathematikunterricht* eine schwierige Aufgabe an der Tafel lösen soll, glaube ich, dass ich das schaffen werde.

    ☐ stimmt nicht   ☐ stimmt kaum   ☐ stimmt eher   ☐ stimmt genau

3. Selbst wenn ich mal längere Zeit krank sein sollte, kann ich immer noch gute Leistungen im Fach *Mathematik* erzielen.

    ☐ stimmt nicht   ☐ stimmt kaum   ☐ stimmt eher   ☐ stimmt genau

4. Auch wenn der Lehrer/die Lehrerin an meinen Fähigkeiten zweifelt, bin ich mir sicher, dass ich *im Mathematikunterricht* gute Leistungen erzielen kann.

    ☐ stimmt nicht   ☐ stimmt kaum   ☐ stimmt eher   ☐ stimmt genau

5. Ich bin mir sicher, dass ich *in Mathematik* auch dann noch meine gewünschten Leistungen erzielen kann, wenn ich mal eine schlechte *Mathenote* bekommen habe.

    ☐ stimmt nicht   ☐ stimmt kaum   ☐ stimmt eher   ☐ stimmt genau

Abbildung 8: Skala zur Erfassung der unterrichtsfachspezifischen Selbstwirksamkeit

Mit Hilfe dieser Skala können Lehrkräfte die fachspezifische Selbstwirksamkeit direkt von den Schülern selbst einschätzen lassen. Dazu werden den Antwortmöglichkeiten Zahlen von 1 ('stimmt nicht') bis 4 ('stimmt genau') zugeordnet und für jeden Schüler anschließend ein Durchschnittswert errechnet. Ein höherer Durchschnittswert deutet dabei auf eine stärkere Selbstwirksamkeit des Schülers hin. Durchschnittswerte dieser Skala liegen in Studien mit über 2.000 befragten Schülern etwa im Bereich von 2,8 bis 3,0[65], so dass beispielsweise der Wert 2,8 als Schwellenwert zwischen hoher und niedriger Selbstwirksamkeit angesehen werden kann. Für eine lehrkraftindividuelle Anwendung in der Schule bietet es sich alternativ an, den Durchschnittswert der Klasse als Grenzwert zwischen hoher und niedriger Selbstwirksamkeit zu nutzen. Auf diesem Weg ergibt sich eine auf die Lehrkraft, das Fach und die Schülergruppe angepasste Potenzialentfaltungsmatrix, bei der Schüler mit im Vergleich zum Klassendurchschnitt höherer Selbstwirksamkeit in den oberen zwei

---

[64] Durch den Autor auf das Fach Mathematik angepasste, gekürzte schulische Selbstwirksamkeitsskala nach Jerusalem & Satow (1999). Eine Kopiervorlage dieser Skala befindet sich im Anhang.
[65] Vgl. Jerusalem et al. (2009, S. 18)

Quadranten und Schüler mit niedrigerer Selbstwirksamkeit als der Klassendurchschnitt in den unteren beiden Quadranten eingeordnet werden. Die Höhe des Klassendurchschnitts kann der Lehrkraft darüber hinaus Anhaltspunkte geben, wie die Schüler den Unterricht empfinden. Liegt die Selbstwirksamkeitsausprägung im Klassendurchschnitt bei 3,0 oder höher, kann dies auf einen eher positiven und motivierenden Unterricht der Lehrperson hindeuten. Bei Durchschnittswerten von 2,8 oder weniger bietet es sich für eine Lehrkraft an, ihren Unterricht mit Hilfe von kollegialen Hospitationen und den im weiteren Verlauf des Buches dargestellten Maßnahmen noch stärker an der Förderung von Selbstwirksamkeit auszurichten. Mit einer erneuten Erhebung der Selbstwirksamkeit zu einem späteren Zeitpunkt, zum Beispiel nach einem halben Jahr, können im Anschluss Hinweise darauf gesammelt werden, inwiefern sich die Selbstwirksamkeitseinschätzungen der Schüler verändert haben.

Gerade bei der Einschätzung der Selbstwirksamkeit der Schüler sollten die Ergebnisse – unabhängig von der Erhebungsmethode – wie im Falle des Mindsets nicht als stabiles Abbild der Realität angesehen werden. Denn, wie bereits erwähnt, ist insbesondere die Selbstwirksamkeit ein sich leicht verändernder Wert, der durch Tagesform, kürzlich gemachte Erfahrungen sowie sonstige schüler-, unterrichts- und lehrkraftbezogene Faktoren beeinflusst wird. Ein in Bezug auf die Selbstwirksamkeit optimales Unterrichten ist dann erreicht, wenn konstant über mehrere Zeitpunkte hinweg bei allen Schülern eines Kurses ein hoher Selbstwirksamkeitswert zwischen 3,0 und 4,0 gemessen werden kann.

5.3 Beispielhafte Schülertypen für die einzelnen Quadranten der Potenzialentfaltungsbox

Im Folgenden werden fünf Schülertypen dargestellt, die über die jeweils für die einzelnen Quadranten der Potenzialentfaltungsmatrix charakteristischen Merkmale und Verhaltensweisen verfügen. Durch die Veranschaulichung dieser Extrembeispiele soll Praktikern geholfen werden, von ihren Beobachtungen auf die Mindset- und Selbstwirksamkeitsausprägungen ihrer Schüler zu schließen. Grundlage für die Darstellung sind die in empirischen Studien zu Selbstwirksamkeit und Mindset beschriebenen typischen Verhaltensweisen sowie Praxiserfahrungen des Autors und der gesprochenen Lehrkräfte.

1) Der Schülertyp **Selbstzerstörer** beschreibt einen Schüler, der sich grundsätzlich und unabhängig von seinen tatsächlichen Fähigkeiten für unbegabt und unfähig hält (statisches Mindset). Wenn die Möglichkeit besteht, versucht sich ein solcher Schüler zurückzuhalten oder die Bearbeitung von Aufgaben erst gar nicht anzufangen. Sein oberstes Ziel ist es, mögliche Misserfolge zu vermeiden. Sollte ein Schüler des Typs Selbstzerstörer doch an einer Aufgabe arbeiten, glaubt er währenddessen nicht an seinen eigenen Erfolg. Auch seine

gedanklichen Vorstellungen von zukünftig anstehenden schulischen Leistungssituationen sind für ihn überwiegend negativ und angsteinflößend (niedrige Selbstwirksamkeit). Er wirkt im Unterricht antriebslos und desinteressiert, so dass die unterrichtende Lehrkraft den Eindruck bekommt, der Schüler möchte mit unterrichtlichen Aufgaben in Ruhe gelassen werden. Charakteristische Aussagen dieses Schülertyps sind unter anderem:

‚Ich bin unbegabt und kann/will diese Aufgabe nicht machen' oder

‚es ist zwecklos, ich mache lieber gar nichts'.

Der **Selbstzerstörer** ist in der Potenzialentfaltungsmatrix dem Quadranten unten links zuzuordnen. Er verfügt über ein **statisches Mindset** und eine **niedrige Selbstwirksamkeit**.

2) Der Schülertyp **Selbstdarsteller** ist sehr erfolgreich in der Schule und hat ein großes Selbstbewusstsein. Er nimmt zwar viele Aufgaben und Anforderungssituationen an, aber nur, wenn er sich sicher ist, dass er diese auch erfolgreich erledigen kann. Für einen Schüler des Typs Selbstdarsteller stellt die Schule keine Herausforderung dar (hohe Selbstwirksamkeit). Es fällt ihm leicht, gute Noten zu erzielen, weil er über ein hohes Fähigkeitsniveau verfügt. Er ist deswegen davon überzeugt, dass er deutlich intelligenter ist als seine Mitschüler, die sich in der Schule anstrengen (müssen). Ihnen gegenüber fühlt sich der Selbstdarsteller überlegen. Er denkt, er sei mehr wert bzw. ‚etwas Besseres'. Die Verantwortung für Fehler oder Misserfolge schreibt ein Schüler des Typs Selbstdarsteller nicht sich selbst, sondern vorzugsweise anderen zu. Herausfordernde Aufgaben, bei denen er schlecht aussehen könnte, vermeidet er. Dem Selbstdarsteller ist es wichtig, seinen eigenen Selbstwert zu schützen, zu steigern und darzustellen. Er strebt danach, positiv bewertet und beurteilt zu werden, auch wenn dies einen Verzicht auf Lernerfahrungen bedeutet (statisches Mindset). Eine charakterisierende Aussage für diesen Schülertyp ist beispielsweise:

‚Ich bin total begabt und will das zeigen'.

Der **Selbstdarsteller** ist in der Potenzialentfaltungsmatrix dem Quadranten oben links zuzuordnen. Er verfügt über ein **statisches Mindset** und eine **hohe Selbstwirksamkeit**.

2a) Eine spezielle Form des Selbstdarstellers ist der Schülertyp **Selbstüberschätzer**, der sich ebenfalls durch einen hohen Selbstwert auszeichnet und über ein starkes Selbstbewusstsein verfügt. Anders als beim Selbstdarsteller beruhen Selbstwert und Selbstbewusstsein jedoch beim Selbstüberschätzer nicht auf guten Schulleistungen oder einem hohen Fähigkeitsniveau. Stattdessen tendiert ein Schüler dieses Typs grundsätzlich dazu, seine Leistungen im Unterricht zu überschätzen. Der Selbstüberschätzer verfolgt typischerweise ambitionierte Ziele für die Zeit nach der Schule, obwohl ihm der Zusammenhang nicht bewusst ist, dass er für eine erfolgreiche Zielerreichung bessere schulische Leistungen erzielen müsste (hohe Selbstwirksamkeit). Seine Einsatz- und Anstrengungsbereitschaft im Unterricht mitzuarbeiten und Hausaufgaben zu machen, sind dementsprechend äußerst niedrig. Für seine Fehler findet ein Schüler des Typs Selbstüberschätzer selbstwertschützende Erklärungen, die anderen oder externen Ursachen die Verantwortung für Schwächen und Fehler zuschreiben (statisches Mindset). Sein selbstbewusstes Auftreten im Unterricht kann schließlich dazu führen, dass der Selbstüberschätzer auf andere Schüler einschüchternd wirkt. Eine charakteristische Aussage des Schülertyps Selbstüberschätzer ist:

‚Ich bin total begabt, deswegen brauche ich mich nicht anzustrengen‘.

Der **Selbstüberschätzer** ist in der Potenzialentfaltungsmatrix – ebenso wie der Selbstdarsteller – dem Quadranten oben links zuzuordnen. Er verfügt über ein **statisches Mindset** und eine **hohe Selbstwirksamkeit**.

3) Der **Selbstbremser** glaubt grundsätzlich daran, dass er mit Einsatz und Fleiß seine Fähigkeiten im Unterricht verbessern kann (dynamisches Mindset). Die positiven, kognitiven und affektiven Effekte einer solchen Fähigkeitsverbesserung hat er allerdings im Unterricht seit längerem nicht mehr erfahren. Ein Schüler des Typs Selbstbremser hatte bis dato im Unterricht vor allem Misserfolge. Unabhängig von seinem tatsächlichen Fähigkeitsstand ist bei ihm der Glaube an sich selbst nicht vorhanden. Der Selbstbremser traut sich häufig nicht zu, in der Klasse aktiv zu werden und sich in den Fachunterricht einzubringen (niedrige Selbstwirksamkeit). Auf Lehrkräfte wirkt ein Schüler dieses Typs daher lustlos, desinteressiert und motivationslos. Ein konkretes Beispiel für einen Selbstbremser könnte ein Schüler aus einer höheren Jahrgangsstufe mit großem fachlichem Rückstand darstellen, der grundsätzlich an den Aufbau seiner fachlichen Fähigkeiten glaubt, aber gleichzeitig durch die Masse an aufzuholendem Fachinhalt sowie den dafür notwendigen Fleiß und Einsatz abgeschreckt wird, so dass er nicht tätig wird. Eine charakteristische Aussage dieses Schülertyps ist:

‚Ich könnte das wahrscheinlich lernen, aber ich will/mache es nicht, weil...‘

Der **Selbstbremser** ist in der Potenzialentfaltungsmatrix dem Quadranten unten rechts zuzuordnen. Er verfügt über ein **dynamisches Mindset** und eine **niedrige Selbstwirksamkeit**.

4) Ein Schüler des Typs **Selbstentwickler** hat den festen Glauben daran, dass er mit genügend Fleiß, Einsatz und Konzentration jegliche Aufgabe bewältigen sowie jede Fähigkeit aufbauen kann. Aufgrund der Entwicklung seiner bisherigen Leistungen und Noten bearbeitet er neue Aufgaben und Anforderungssituationen selbstbewusst und mutig. Ein Schüler des Typs Selbstentwickler hat keine Angst davor, Fehler zu machen, weil er Fehler und Misserfolge als hilfreiches Feedback sowie als Lernchance wahrnimmt. Der Selbstentwickler sucht eigenständig nach neuen Herausforderungen, bei denen er seine Fähigkeiten ausbauen kann (dynamisches Mindset). Er wirkt auf Lehrkräfte stark intrinsisch motiviert und verknüpft die unterrichtlichen Lern- und Leistungssituationen vor allem mit positiven Assoziationen. Auch die gedanklichen Vorstellungen zukünftiger unterrichtlicher Anforderungssituationen sind bei Schülern des Typs Selbstentwickler positiv und von Erfolg geprägt (hohe Selbstwirksamkeit). Sein tatsächliches bzw. absolutes Fähigkeitsniveau ist deswegen für seine Haltung und sein eigenes Kompetenzerleben weitestgehend irrelevant. Eine typische Aussage eines solchen Schüler ist beispielsweise:

‚Ich nehme Herausforderungen an, weil ich mir Erfolg erarbeiten kann‘.

Der **Selbstentwickler** ist in der Potenzialentfaltungsmatrix dem Quadranten oben rechts zuzuordnen. Er verfügt über ein **dynamisches Mindset** und eine **hohe Selbstwirksamkeit**.

Die folgende Tabelle fasst die fünf dargestellten Schülertypen zusammen:

	Potenzialentfaltungsmatrix	
Hohe schulische Selbstwirksamkeit	**2) Typ Selbstdarsteller** 2a) Typ „Selbstüberschätzer"	**4) Typ Selbstentwickler**
Niedrige schulische Selbstwirksamkeit	**1) Typ Selbstzerstörer**	**3) Typ Selbstbremser**
	Statisches Mindset	Dynamisches Mindset

Abbildung 9: Übersicht beispielhafter Schülertypen in der Potenzialentfaltungsmatrix

5.4 Schwierigkeiten bei der Einordnung von Schülern

Die Nutzung der Potenzialentfaltungsmatrix als Diagnoseinstrument hat das Ziel, das Mindset und die Selbstwirksamkeit bei Schülern eines Kurses zu erheben, um anschließend diejenigen Schüler mit besonderem sozial-kognitiven Förderbedarf identifizieren und gezielt unterstützen zu können. Schwierigkeiten können dabei vor allem bei der Erhebung der Mindset-Ausprägung sowie gelegentlich auch bei der Bestimmung der Selbstwirksamkeit entstehen.

Die Erhebung des Mindsets stellt für Lehrkräfte eine besondere Herausforderung dar, weil es sich dabei um eine tief im Inneren des Schülers verwurzelte Haltung handelt. Teilweise können Schüler sogar selbst, trotz kooperativer Intention, ihre eigene Mindset-Ausprägung nicht erklären, weil das Mindset aus ihrem Unterbewusstsein heraus wirkt. Aus diesem Grund sollten Lehrkräfte gerade mit der ausschließlichen Verwendung der Mindset Skala als Erhebungsmethode vorsichtig sein, da sie sich lediglich auf die Selbsteinschätzung der Schüler bezieht.

Erfahrungen des Autors zeigen beispielsweise, dass die Skala gerade bei Schülern des Typs ‚Selbstdarsteller' (statisches Mindset/hohe Selbstwirksamkeit) die Mindset-Ausprägung nicht zwangsläufig valide erfasst. So scheinen insbesondere die Schüler des Typs ‚Selbstdarsteller' so sehr von sich überzeugt zu sein, dass sie beim Ausfüllen der Skala nach außen ein dynamisches Mindset suggerieren, obwohl sie im Unterricht deutliche Verhaltensmerkmale eines Schülers mit statischem Mindset zeigen. Doch auch bei der Beobachtung des Schülerverhaltens und der darauf basierenden Einschätzung des Mindsets ‚aus dem Bauch heraus' bestehen Risiken, die unter Umständen eine adäquate Einschätzung der Mindset-Ausprägung verhindern. Beispielsweise könnte ein Schüler mit viel Anstrengung erreichten Erfolg als besonders wertvoll wahrnehmen (Zeichen für ein dynamisches Mindset) und gleichzeitig sehr auf den sozialen Vergleich seiner Leistungen mit denen seiner Mitschüler fokussiert sein (Zeichen für ein statisches Mindset). Eine mögliche Erklärung für diese inkonsistenten Beobachtungen ist, dass die in der empirischen Forschung gefundenen Korrelationen zwischen bestimmten Verhaltensweisen und der Mindset-Ausprägung als ‚durchschnittliche Tendenzen' zu verstehen sind, die bei einem konkret im Fokus stehenden Einzelfall anders sein können.

Eine weitere Erklärung für die Schwierigkeiten bei der Bestimmung der Mindset-Ausprägung eines Schülers ist die bisher noch nicht endgültig geklärte Frage, inwiefern Menschen über ein jeweils unterschiedlich stark ausgeprägtes dynamisches und statisches Mindset gleichzeitig verfügen können. So liefern einige Studien und empirische Untersuchungen[66] deutliche Hinweise darauf, dass das dynamische und das statische Mindset zwei separate Faktoren und nicht die zwei Endpunkte einer Dimension darstellen.[67] Sollte sich eine Lehrkraft bei der Einschätzung der Mindset-Ausprägung ihrer Schüler also mit Schwierigkeiten konfrontiert sehen, kann sie zusätzlich zur Skala und zur eigenen Beobachtung noch weitere Erhebungsmethoden nutzen. Auf diese Weise können zusätzliche Informationen gesammelt werden bis sich zumindest eine Tendenz für die Zuordnung eines Schülers zum statischen oder zum dynamischen Mindset zeigt. Neben Einzelgesprächen kann es sich anbieten, den Schülern auf Grundlage der typischen Unterscheidungsmerkmale der zwei Mindset-Ausprägungen alternative Szenarien zu präsentieren, bei denen sich die Schüler für eines entscheiden müssen. Die folgende Abbildung zeigt zwei Beispiele, wobei die Szenarien ‚A' einer Tendenz zum statischen Mindset und die Szenarien ‚B' einer Neigung zum dynamischen Mindset entsprechen:

Wann fühlst du dich intelligenter? Kreuze an.	
1)	
A	B
Wenn du *im Fach X* eine Aufgabe ohne großen Aufwand richtig machst.	Wenn du *im Fach X* eine Aufgabe nach großer Anstrengung richtig machst.
2)	
A	B
Du schreibst eine Drei Minus *im Fach X* und hast damit die beste Arbeit der Klasse.	Du schreibst eine Drei Plus *im Fach X* und das ist die zehntbeste Arbeit deiner Klasse.

Abbildung 10: Beispiel-Szenarien zur Erhebung der Mindset-Ausprägung

Die Bestimmung der Selbstwirksamkeit scheint nach bisherigen Erfahrungen im Vergleich zur Erfassung der Mindset-Ausprägung mit deutlich weniger Schwierigkeiten verbunden zu sein. Denn dank der im Vergleich zur Mindset Forschung deutlich längeren Forschungstätigkeit sowie umfassender Erhebungsstudien mit insgesamt mehreren tausend Personen ist die Validität des Skaleninstruments sehr hoch. Stattdessen scheint die Einordnung von Schülern in die Potenzialentfaltungsmatrix gelegentlich schwierig zu sein, weil die Selbstwirksamkeit von diversen Faktoren spontan beeinflusst werden kann und die

---

[66] Vgl. Dupeyrat & Mariné (2005, S. 49), Broome (1998, S. 166), Stipek & Gralinski (1996), Boyum (1988), Leggett (1985)

[67] Auch Dweck, Chiu & Hong (1995b, S. 323) halten es durchaus für möglich, dass Menschen über ein unterschiedlich stark ausgeprägtes dynamisches und statisches Mindset gleichzeitig verfügen können.

Selbstwirksamkeitsskala die Höhe der Selbstwirksamkeit nur zu einem bestimmten Zeitpunkt erhebt. So ist es möglich, dass von der Lehrkraft unabhängige Einflussfaktoren wie starke Müdigkeit oder gute Laune die Höhe der Selbstwirksamkeit kurz vor der Erhebung beeinflussen und damit die Aussagekraft des Ergebnisses für die Lehrkraft verringern, weil nicht die für das entsprechende Unterrichtsfach typische Selbstwirksamkeit gemessen wurde. Dennoch kann gerade die Ergänzung der Selbstwirksamkeitsskala mit Beobachtungen dazu beitragen, dass die Lehrkraft die für ihren Kurs grundsätzlich typische Selbstwirksamkeit der teilnehmenden Schüler sehr gut einschätzen kann. Dabei kann es in der Praxis hilfreich sein, auch die für die Lehrkraft offensichtlichen Merkmale wie den Spaß des Schülers im Unterricht, dessen Selbstbewusstsein, dessen Lernlust oder die Qualität der Lehrer-Schüler-Beziehung einzubeziehen, da diese Merkmale erfahrungsgemäß eng mit der für Beobachter manchmal weniger deutlichen Selbstwirksamkeit korrelieren.

Da die adäquate Förderung von Schülern mit Hilfe der Potenzialentfaltungsmatrix jedoch auch ohne eine vorherige Diagnose von Mindset und Selbstwirksamkeit möglich ist, können Lehrkräfte ihre Schüler unabhängig von den soeben aufgezeigten Schwierigkeiten fördern. Denn auch wenn bei einigen Schülern die Zuordnung nicht so bipolar gelingt wie es die Matrix suggeriert, verfolgt die Lehrkraft unabhängig von der bisherigen Mindset-Ausprägung und Selbstwirksamkeit ihrer Schüler für alle das gleiche Förderziel: Ziel der Lehrkraft ist es, das dynamische Mindset ihrer Schüler zu stärken und die Selbstwirksamkeit ihrer Schüler zu steigern.

6   Schüler fächerunabhängig fördern

Wenn ein Schüler über ein dynamisches Mindset und eine hohe Selbstwirksamkeit verfügt, ist dies die ideale Ausgangsbasis für seine Potenzialentfaltung. Das dynamische Mindset entspricht der Überzeugung eines Schülers, dass er seine eigenen Fähigkeiten weiterentwickeln kann und die hohe Selbstwirksamkeit führt dazu, dass er entsprechend motiviert ist und dies auch tut. Zusammen führen das dynamische Mindset und die hohe Selbstwirksamkeit dazu, dass Schüler Herausforderungen suchen und aufkommende Anforderungssituationen mit Erfolg meistern sowie dazu, dass etwaige Rückschläge auf sie motivierend und einsatzfördernd wirken. Folglich sollte es das Ziel aller Lehrkräfte sein, jeden ihrer Schüler zu einem dynamischen Mindset und zu hoher Selbstwirksamkeit zu führen. Für manche Wissenschaftler ist die Vermittlung von „Stoff" und Lerninhalten gar zweitrangig gegenüber der Förderung von hoher Selbstwirksamkeit und eines dynamischen Mindsets bei Schülern.[68] Die grundlegende und deshalb als erstes anzugehende Dimension dazu ist das Mindset, denn – wie im Abschnitt 5.3 bereits gezeigt – können ein statisches Mindset und eine hohe Selbstwirksamkeit zusammen eine gefährliche und leistungshinderliche Kombination ergeben. Ein dynamisches Mindset dagegen führt selbst bei niedriger Selbstwirksamkeit zu Leistungsverbesserungen[69] und erleichtert so den Aufbau von Selbstwirksamkeit. Der erste Schritt zur Potenzialentfaltung ist folglich, die dynamische Denkweise bei den Schülern zu fördern.

6.1   Förderung eines dynamischen Mindsets

Im Folgenden wird zunächst darauf eingegangen, wie Lehrkräfte allgemein die Entwicklung eines dynamischen Mindsets bei ihren Schülern begünstigen können. Anschließend wird kurz darauf eingegangen, welche konkreten Möglichkeiten sich dazu bei Schülern mit niedriger bzw. mit hoher Selbstwirksamkeit anbieten.

Die von den zwanzig für meine Dissertation interviewten Lehrkräften am häufigsten genannten Wege, Schüler im Sinne der Mindset Theorie zu fördern, sind:

---

[68] Vgl. Herrmann (2009, S. 152-153)
[69] Vgl. Henderson & Dweck (1990)

TOP 5 Maßnahmen zur Umsetzung der Mindset Theorie im Schulalltag		
1.	Die Mindset Theorie als Inhalt der Sozial-Kognitiven-Psychologie mit den Schülern thematisieren.	6 Nennungen
1.	Die Leistungsentwicklung von Schülern dokumentieren, ihnen transparent machen und mit ihnen reflektieren.	6 Nennungen
1.	Schülern Erfolgserlebnisse ermöglichen.	6 Nennungen
1.	Schüler loben, sie positiv bestärken und verbal unterstützen.	6 Nennungen
5.	Die Wichtigkeit von Fleiß, Training und Übung betonen und vermitteln.	5 Nennungen

Abbildung 11: TOP 5 Maßnahmen zur Mindset Förderung

Schüler direkt mit den Inhalten der Mindset Theorie zu konfrontieren ist eine gute Möglichkeit, sie für die Zusammenhänge zwischen ihrem Denken und ihrem Handeln zu sensibilisieren. Carol Dweck hat beispielsweise mit dem Computer Lernprogramm Brainology eine Möglichkeit geschaffen, wie Schüler selbstständig und außerhalb des Unterrichts zu den Inhalten der Mindset Theorie arbeiten können, um so ein dynamisches Mindset zu übernehmen.[70] In vielen bisherigen Experimenten wurde das dynamische Mindset von Schülern mit Hilfe von unterrichtlichen und außerunterrichtlichen Interventionen gefördert, die ihnen verdeutlichten, dass das Gehirn wie ein Muskel funktioniert, der stärker wird, je häufiger man ihn benutzt.[71] Als außerunterrichtliche Intervention ist die Thematisierung der Mindset Theorie z.B. an Projekt- oder Methodentagen denkbar. Im Unterricht kann sie thematisch z.B. im Fach Psychologie (falls vorhanden), in Pädagogik oder im Biologie Unterricht (Thema Gehirn) eingebunden werden. Darüber hinaus besteht die Möglichkeit, zum Beispiel als Klassenlehrer eine Doppelstunde eines anderen Fachs zu ‚investieren' oder auf der Klassenfahrt eine Einheit zum Mindset mit den Schülern zu gestalten. Da sich das dynamische Mindset durch die Weitergabe an andere in den Köpfen der Schüler verfestigt[72], bietet es sich an, anschließend die eigenen Schüler in andere Klassen zu entsenden, um dort als Botschafter über das dynamische Mindset und seine Vorteile zu sprechen. Eine beispielhafte, bereits vorgeplante Unterrichtsstunde zur Vermittlung der Mindset Theorie ist in Kapitel 7 ausführlich dargestellt.

---

[70] Vgl. Dweck (2008a)

[71] Vgl. Paunesku, Yeager, Romero & Walton (2013), Blackwell, Trzesniewski & Dweck (2007), Good, Aronson & Inzlicht (2003)

[72] Im Experiment von Good, Aronson & Inzlicht (2003) gestalteten Siebtklässler beispielsweise eine eigene Webseite mit Inhalten zum Mindset, was die Stabilität ihres dynamischen Mindsets erhöht hat. Auch eine Schreibaufgabe, wie z.B. eine Erklärung an einen Brieffreund oder die Zusammenfassung eines Artikels, führt dazu, dass sich ein Mindset verfestigt (Yeager, Trzesniewski, & Dweck, 2013; Sorich & Dweck, 1997).

Die Leistungsentwicklung von Schülern zu dokumentieren, ist für jede Lehrkraft selbstverständlich. Für die Förderung des dynamischen Mindsets ist es dabei wichtig, dass es für den Schüler nachvollziehbar ist, anhand welcher Kriterien die Lehrkraft seine Leistung misst. Einheitliche Erwartungshorizonte für die Arbeiten eines Faches sowie eine immer gleichbleibende Struktur für Leistungstests helfen Schülern dabei, ihre Leistung punktuell einzuordnen und über die Zeit zu vergleichen. Auf diese Weise macht eine Lehrkraft es den Schülern leicht, eine positive Entwicklung und einen Zugewinn an Fähigkeiten bei sich zu begreifen. Darüber hinaus bieten sich auch Reflexionsrunden mit den Schülern an, um das Selbstbild des Schülers mit dem Fremdbild des Lehrers abzugleichen und den Schülern individuelle Fähigkeitsentwicklungen aufzuzeigen. Ein weiteres Hilfsmittel für Lehrkräfte können dabei die Ziele darstellen, die sie für ihre Klasse und ihre Schüler setzen. So haben bisherige Forschungsergebnisse gezeigt, dass das Setzen von Lern- anstatt Leistungszielen, die Entwicklung eines dynamischen Mindsets begünstigt.[73] Das dynamische Mindset eines Schülers wird grundsätzlich immer dann gefördert, wenn er selbst erkennt, dass sich seine individuellen Fähigkeiten über die Zeit positiv verändert haben und sich in der Zukunft weiter verbessern können.

Schülern Erfolgserlebnisse zu ermöglichen, sie positiv zu bestärken und verbal zu unterstützen sowie die Wichtigkeit von Fleiß zu betonen sind drei weitere wichtige Maßnahmen, um Schüler zu einer dynamischen Denkweise zu führen. An dieser Stelle ist jedoch Vorsicht geboten, da hier die Art und Weise der Kommunikation darüber entscheidet, ob den Schülern ein eher statisches oder dynamisches Mindset vermittelt wird. So fördert beispielsweise die Rückmeldung „Klasse, das hast du aber schnell hinbekommen" und „Du hast gar keine Fehler gemacht!" das statische Mindset, weil es dem Schüler vermittelt, dass die Lehrkraft Geschwindigkeit und Perfektion wertschätzt. Im Vergleich dazu stärkt die Rückmeldung „Toll, mir gefällt es, dass du verschiedene Lösungsansätze versucht hast und die richtige Lösungsstrategie gefunden hast!" das dynamische Mindset, weil sie die Mühe und den Einsatz lobt, die der Schüler im Bearbeitungsprozess gezeigt hat.

Für die Definition von Erfolg sollten Lehrer vor allem versuchen, eine individuelle Bezugsnorm[74] anzulegen und diese auch bei den Schülern fördern.[75] Die Lehrkraft wählt dazu am individuellen Leistungsstand des Schülers orientiert mittelschwere Aufgaben. Der Schüler wird gelobt, wenn seine Leistungen im intraindividuellen Vergleich ansteigen. Sollten seine Leistungen fallen, äußert die Lehrkraft Unzufriedenheit und fordert vom Schüler Fleiß und eine höhere Konzentration ein. Wichtig ist es, nicht die Leistungsfähigkeit des Schülers

---

[73] Vgl. Elliott & Dweck (1988), Farrell & Dweck (1985)
[74] In Abgrenzung zu einer sozialen Bezugsnorm (die Klasse bzw. andere Schüler) und einer an Kriterien orientierten Bezugsnorm (z.B. Erwartungen des Zentralabiturs an den Leistungsstand des Schülers)
[75] Vgl. Sorich & Dweck (1997)

in Frage zu stellen, sondern die Relevanz von Anstrengung zu betonen. Je individueller und passender die Aufgaben für einen Schüler sind, desto klarer ist für den Schüler selbst die positive Abhängigkeit seiner Leistung von seiner Anstrengungsbereitschaft.[76] Konkret bedeutet eine individuelle Bezugsnorm, dass der Lehrer wie folgt auf Misserfolge bzw. auf Erfolge reagieren kann:

Handlungsmöglichkeiten für Lehrkräfte zur Verwirklichung einer individuellen Bezugsnormorientierung nach Krug & Kecybyl[77]		
	Reaktion auf Erfolg	**Reaktion auf Misserfolg**
Aufgabenstellung im mündlichen Unterricht	Bei dem Schüler bleiben, um ihm weitere Leistungsfortschritte zu ermöglichen. Fragen erweitern, differenzieren, im Schwierigkeitsgrad steigern.	Dem Schüler die richtige Antwort ermöglichen durch Neuformulierung der Frage, Umformulierung, Zusatzhilfen (Hinweise, Stichworte), Zeit zum Nachdenken geben.
Ursachenzuschreibung	Rückführung des Handlungsresultates auf Tüchtigkeit sowie Anstrengung und Interesse (Beispiele: gut aufgepasst, gut nachgedacht, gut mitgearbeitet).	Rückführung auf zu geringen Einsatz, wobei die Leistungsfähigkeit nicht in Frage gestellt wird. Es wird betont, dass der Schüler noch besser nachdenken kann, aufmerksamer sein sollte etc.
Lob und Tadel	Lob bei Leistungssteigerung und bei intensiver Anstrengung. (Beispiel: Da hast Du dich aber wirklich angestrengt.)	Neutrale Rückmeldung oder Unzufriedenheit bei ausbleibenden Lernzuwächsen. Expliziter Tadel wird aber nicht ausgesprochen.

---

[76] Vgl. Krug & Lecybyl (2005, S. 83)
[77] Vgl. Krug & Lecybyl (2005, S. 84-85). Im Original sind die Beispiele in der Tabelle in der „Sie"-Form.

Erwartungsäußerungen	Hervorhebung weiterer möglicher Leistungszuwächse. (Beispiel: Wenn Du dir weiterhin so viel Mühe gibst, werden Deine Leistungen noch weit besser.)	Der Lehrer lässt erkennen, dass er dem Schüler die richtige Antwort doch noch zutraut. (Beispiel: Wenn Du noch mal nachdenkst, fällt Dir bestimmt die richtige Lösung ein.)

Abbildung 12: Handlungsmöglichkeiten zur Verwirklichung einer individuellen Bezugsnormorientierung[78]

Allgemein bietet es sich Lehrkräften an, dann von dem meist vorherrschenden sozialen und an Kriterien orientierten Bezugsrahmen zu einer stärker individuellen Bezugsnormorientierung zu wechseln, wenn das Unterrichtsthema für die Schüler voraussichtlich besonders interessant ist oder wenn die veränderte Bezugsnormorientierung thematisiert werden kann, weil so eine durch den Wechsel hervorgerufene, anfängliche Irritation bei den Schülern verhindert werden kann.[79]

Bei Lob und verbaler Unterstützung sollten Lehrkräfte generell darauf achten, dass sie bei Erfolgen den Einsatz, die Strategie oder den Prozess und nicht die Intelligenz oder den Schüler als Ganzes loben.[80] Dennoch sollten sie über die Zeit auch nicht immer nur ausschließlich den Einsatz bzw. die Anstrengung der Schüler loben.[81] Vielmehr bietet es sich an, zu Beginn von Unterrichtsreihen oder neuen Aufgabentypen, die Anstrengung zu loben und gegen Ende Fähigkeitslob zu ergänzen.[82] Denn die sich an die Anstrengungserklärungen anschließenden, fähigkeitsorientierten Rückmeldungen führen den Schülern glaubhaft vor Augen, dass sie ihre Fähigkeiten dank ihrer aufgewendeten Anstrengung erweitern konnten. Auf diese Weise können Lehrkräfte parallel zu jeder Unterrichtsreihe im Schuljahr ihren Schülern das dynamische Mindset vermitteln. Unabhängig von Sequenzen wie Unterrichtsreihen o.ä. bietet sich jeder Lehrkraft zudem

---

[78] Zur Kontrastierung findet sich eine vergleichbare Übersicht zu den Handlungsmöglichkeiten bei sozialer Bezugsnormorientierung im Kapitel 6 des Materialbands.

[79] Vgl. Krug & Lecybyl (2005, S. 94 und 114)

[80] Vgl. Kamins & Dweck (1999), Mueller & Dweck (1998)

[81] Vgl. Dresel (2004, S. 187)

[82] Schunk (1983) hatte zwar gezeigt, dass Schüler, die für ihre Fähigkeit gelobt werden, höhere Erwartungen an ihre zukünftigen Leistungen und damit auch eine höhere Selbstwirksamkeit haben, allerdings zeigten die Schüler mit Einsatzlob eine deutlich höhere Anstrengung im Training. Schüler mit Fähigkeitslob, die höhere Erwartungen an ihre zukünftigen Leistungsergebnisse stellen, leiden dabei unter einer besonders großen Fallhöhe in Fällen von Misserfolgen, in denen dann das statische Mindset besonders negative Auswirkungen hat. Deswegen sollten Lehrkräfte, wie bei Henderson & Dweck (1990) bereits angedeutet, prioritär am dynamischen Mindset und erst danach an der Selbstwirksamkeit von Schülern arbeiten. Folglich ist die erfolgversprechendste Feedbackstrategie für Lehrkräfte, die Schüler zunächst für ihren Einsatz und ggf. erst später ihre Fähigkeit zu loben.

ständig die Chance, das Mindset ihrer Schüler mit dieser gezielten Kombination von Anstrengungs- und Fähigkeitslob zu fördern. Wichtig dafür ist die genaue Beobachtung der Schüler, um Anstrengungsphasen und -erfolge wertschätzen sowie die anschließenden Lern- und Fähigkeitszuwächse honorieren zu können. Je genauer dabei die Beobachtung der Lehrkraft ist, desto glaubwürdiger und damit erfolgreicher wirkt ihr Feedback bei den Schülern.

Bei Misserfolgen sollten Lehrer keine tröstenden Rückmeldungen (wie z.B. „Nicht jeder hat eine Mathematikbegabung") geben, die stabile Ursachenzuweisungen betonen und auch nicht über die Abwahlmöglichkeit eines Kurses sprechen, was einer resignierenden Haltung entsprechen würde. Stattdessen sollten sie mit neutralem, lösungs- und strategieorientiertem Feedback auf Misserfolge bzw. schlechte Leistungen reagieren.[83] So zeigte sich, dass prozessorientierte Kritik, die nach einer neuen Lösungsstrategie fragt („Maybe you could think of *another way*[84] to do it."), besser wirkt als rein ergebnisorientierte Kritik („That's not the right way to do it.") und deutlich positiver als personenbezogene Kritik („I'm very disappointed in you.").[85] Im Allgemeinen hat es – wie oben bereits erwähnt – konstruktive Auswirkungen, den Misserfolg des Schülers mit variablen Faktoren wie z.B. mangelnde Anstrengung oder einer falschen Lösungs- bzw. Lernstrategie zu erklären und somit die Wichtigkeit von Fleiß und Übung zu unterstreichen.

Förderlich wirkt es zudem, wenn auch die Lernkultur und Arbeitsatmosphäre an einer Schule dynamisch sind und die Wichtigkeit von harter Arbeit hervorheben.[86] Im Idealfall äußert sich diese Schulkultur darin, dass alle Lehrkräfte des Kollegiums eine dynamische Denkweise haben und – dort wo es möglich ist – versuchen, eine individuelle Bezugsnorm zu verfolgen und die Schüler für die Entwicklung ihrer Fähigkeiten wertzuschätzen. Genauso ist es möglich, eine dynamische Schulkultur mit kleineren Hinweisen am Rand von Arbeitsblättern, Klausurbögen und Tests mit Botschaften zum dynamischen Mindset zu fördern wie z.B. im Fach Mathematik: „Wenn du einen neuen Aufgabentyp lernst, trainierst du dein Mathe Gehirn!"[87]. Weitere Anregungen für eine dynamische Schulkultur finden sich auch in Kapitel 7.

Wenn die Schüler ein dynamisches Mindset verinnerlicht haben, dann beweisen sie mit dem Erreichen von Leistungszielen ihre Fähigkeit und ihr Wissen zu einem bestimmten Zeitpunkt, aber nicht ihre grundlegende, statische Intelligenz. Dieses Verständnis von Leistungszielen

---

[83] Vgl. Rattan, Good & Dweck (2012)
[84] Hervorhebung wie im Original und entsprechend der Betonung durch den Feedbackgeber im Experiment
[85] Vgl. Kamins & Dweck (1999, S. 838)
[86] Vgl. Paunesku, Yeager, Romero & Walton (2013), Ommundsen, Haugen & Lund (2005)
[87] Vom Autor übersetzt. Das Original Beispiel lautet: „When you learn a new kind of math problem, you grow your math brain" und findet sich bei Sohl-Dickstein, Paunesku, Haley & Williams (2013).

sollte den Schülern durch die Schule vermittelt werden, denn Leistungsziele sind auch in einer dynamischen Schulkultur unbedingt nötig. Dennoch dürfen Leistungsziele nicht die Lernziele in den Hintergrund schieben und müssen von Schülern und Lehrern wie oben dargestellt verstanden und im Sinne des dynamischen Mindsets interpretiert werden.[88] Leistungsorientiertes Lehrkraftverhalten wie zum Beispiel die Arbeiten der besten Schüler innerhalb einer Klasse als Beispiele hervorzuheben, ist demnach zu unterlassen, weil es verhindern kann, dass Schüler sich Lernziele setzen.[89]

In neueren Forschungsarbeiten wurde darüber hinaus gezeigt, dass auch die Elternarbeit bei der Vermittlung eines dynamischen Mindsets helfen kann.[90] Lehrkräfte sollten mit Eltern ebenfalls über Zielsetzungs- und Leistungsbewertungsprozesse sprechen, so dass diese ihren Kindern ebenso primär Lern- anstatt Leistungsziele vermitteln.[91] Wichtig ist insbesondere auch, dass die Schüler von zu Hause aus keinen Druck zu spüren bekommen oder Beunruhigung erleben, da in solchen Situationen die Auswirkungen eines statischen Mindsets besonders hinderlich sind.[92] Schließlich sollten Lehrer und Eltern gemeinsam betonen, dass sich die Einstellung von Schülern, Schulaufgaben würden vor allem dem Zweck der Selbstbestätigung dienen, negativ auf ihre Schulleistungen auswirkt.[93]

Arbeitet man als Lehrkraft ganz konkret mit einem Schüler, der nur über eine geringe Selbstwirksamkeit verfügt, und möchte diesen Schüler zu einem dynamischen Mindset führen, gilt es Folgendes zu beachten:

Ein Schüler mit niedriger Selbstwirksamkeit wirkt im Unterricht häufig antriebslos und ohne Selbstbewusstsein. Als Lehrkraft ist es daher besonders wichtig, ihm mit individuellen Aufgaben Erfolgserlebnisse zu ermöglichen und seine grundsätzliche Leistungsfähigkeit auch bei Rückschlägen nicht ansatzweise in Frage zu stellen. Vielmehr hilft es ihm, wenn er Lerntechniken und Problemlösungsstrategien gezeigt bekommt, die ihm auch bei schwerer werdenden Aufgaben weitere Erfolge ermöglichen. Um den Schüler in einen aktiven, handlungsfähigen Zustand zu versetzen, kann es darüber hinaus hilfreich sein, seine extrinsische Motivation zu fördern. Dabei darf aber gleichzeitig nicht seine Freude an der Entwicklung der eigenen Fähigkeiten vernachlässigt werden, die den Schüler intrinsisch und damit auf längere Zeit nachhaltig motiviert. Der Schüler sollte Herausforderungen als Lernchance begreifen, seine Leistungen zu verbessern und nicht als eine angsteinflößende Beurteilungssituation, in der die ganze Persönlichkeit bewertet wird. Bei Erfolgen können

---

[88] Vgl. Dweck (1999, S. 152)
[89] Vgl. Andermann & Young (1994)
[90] Vgl. Gunderson et al. (2013)
[91] Vgl. Friedel, Cortina, Turner & Midgley (2007)
[92] Vgl. Cury, Da Fonseca, Zahn & Elliott (2008)
[93] Vgl. Haimovity, Wormington & Corpus (2011)

dann Lösungsstrategien, Anstrengung und Interesse gelobt sowie weitere Leistungszuwächse in Aussicht gestellt werden: „Wenn du weiterhin mit so viel Eifer dabei bist, werden deine Leistungen noch viel besser".

Möchten Lehrkräfte dagegen einem hochselbstwirksamen Schüler das dynamische Mindset vermitteln, sollten sie Folgendes berücksichtigen:

Bei hoch selbstwirksamen Schülern mit statischem Mindset kann es vorkommen, dass sie sich ungern von Lehrkräften „etwas sagen" lassen. Sie zeigen ein ausgeprägtes Selbstbewusstsein und versuchen mit allen Regeln der psychologischen Kunst ihren Selbstwert zu schützen und zu steigern. Daher ist es für Lehrkräfte im Umgang mit ihnen wichtig, den von diesen Schülern hergestellten Zusammenhang von Selbstwert und Schulleistung zu entkoppeln. Gerade die Tendenz von hoch selbstwirksamen Schülern, sich ständig mit anderen zu vergleichen und vermeintlich schlechtere Schüler „herunter zu machen", sollte verhindert werden. Es muss deutlich gemacht werden, dass Herausforderungen Lernchancen sind und Misserfolge nicht als generelle Verurteilung aufgefasst werden sollten. So bietet es sich im Sinne einer persönlichen Weiterentwicklung an, die Fehlerfreundlichkeit sowie die Offenheit für kritisches Feedback bei diesen Schülern zu stärken. Dies geht besonders gut, indem die Schüler in Situationen gebracht werden, in denen Feedback und Hilfe wichtig sind, um zu bestehen. Solche Situationen können beispielsweise Vorträge vor der gesamten Schule oder vor externen Partnern sein. Wichtig ist dabei nur, dass diese Aufgaben tatsächliche Herausforderungen für die Schüler darstellen, die sie mit Anstrengung, Übung und gegebenenfalls externer Unterstützung meistern können. Anschließend führt man den Schülern dann vor Augen, was sie dazu gelernt haben und zeigt ihnen auf, wie umfangreich sie ihre Fähigkeiten noch weiterentwickeln können, wenn sie bereit sind, sich anzustrengen und unterstützendes Feedback anzunehmen. Insbesondere hoch selbstwirksame, leistungsbringende Schüler sollten zudem – ebenso wie alle anderen Schüler – hilfreiche und konstruktive Handlungsstrategien für den Umgang mit Herausforderungen und Rückschlägen lernen[94] und einen Potenzialentfaltungssinn (engl. *Sense of Possibility*) entwickeln.

Sollte es sich bei dem hoch selbstwirksamen Schüler dazu um einen Schüler handeln, der sich selbst und seine Leistungen überschätzt, ist es elementar, mit diesem Schüler gemeinsam an einem realistischen Selbstbild zu arbeiten. Die Grundlage dazu liefert eine vertrauensvolle Lehrer-Schüler-Beziehung sowie ehrlich gemeinte Wertschätzung. Zudem kann es helfen, dem Schüler andersartige, nicht fähigkeits- oder intelligenzbezogene Quellen

---

[94] Beispielsweise mit Hilfe von Re-Attributionstrainings

für einen positiven Selbstwert anzubieten. Das Wichtigste ist, dass die Mindset Transformation für den Schüler ablaufen kann, ohne dass er an seinem Selbstwert zweifelt.

6.2 Förderung von hoher Selbstwirksamkeit

Bleibt man strikt in der theoretischen Anwendungslogik der Potenzialentfaltungsbox, dann gibt es nur den Fall, dass ein Schüler mit dynamischem Mindset in seiner Selbstwirksamkeit gestärkt werden soll. Die Begründung dafür ist, dass selbst wenn ein Schüler zunächst ein statisches Mindset hatte, dann wäre er bereits im ersten Schritt zu einem dynamischen Mindset geführt worden. Es ist jedoch ersichtlich, dass Lehrkräfte im Schulalltag mit einer ganzen Schulklasse oder mit Kursgruppen arbeiten, in denen Mindset und Selbstwirksamkeit ganz unterschiedlich ausgeprägt sein können. Aus diesem Grund ist es – auch wenn es konzeptionell nicht vorgesehen ist – in der Praxis durchaus möglich, dass Lehrkräfte die Selbstwirksamkeit ihrer Schüler fördern möchten, obwohl noch nicht jeder einzelne für sich das dynamische Mindset verinnerlicht hat. Aus diesem Grund wird im Folgenden darauf eingegangen, wie man Selbstwirksamkeit allgemein in der Schule und unabhängig von der Mindset-Ausprägung der Schüler stärken kann.

Die von den zwanzig für meine Dissertation interviewten Lehrkräften am häufigsten genannten Wege, Schüler in ihrer Selbstwirksamkeit zu fördern, sind:

TOP 5 Maßnahmen zur Umsetzung der Theorie der Selbstwirksamkeit im Schulalltag	
1. Eine positive Lernatmosphäre schaffen, die von realistischer Wertschätzung und einer konstruktiven Feedbackkultur geprägt ist.	10 Nennungen
2. Kompetenzorientierten Unterricht gestalten, der Schüler aktiv werden lässt und mit Hilfe von Binnendifferenzierung unterschiedliche Leistungsniveaus adressiert.	8 Nennungen
3. Schüler loben, sie positiv bestärken und verbal unterstützen.	6 Nennungen
4. Eine enge Lehrer-Schüler-Beziehung aufbauen und diese als veränderbar darstellen.	5 Nennungen
5. Durch ein breites AG-Angebot, Projektarbeiten und außerunterrichtliche Veranstaltungen Erfolge und Interessen von Schülern zusätzlich zum Fachunterricht fördern.	4 Nennungen

Abbildung 13: TOP 5 Maßnahmen zur Förderung der Selbstwirksamkeit

Lehrkräfte stärken die Selbstwirksamkeit ihrer Schüler, indem sie eine positive Lernatmosphäre im Unterricht schaffen, in der kein Schüler Stress, Angst oder Nervosität empfindet.[95] Auch Vorurteile müssen in der Schule und im Unterricht absolut vermieden werden und dürfen im Unterrichtsgespräch oder in der Schulkultur auch nicht implizit vorkommen.[96] Ältere Forschungsergebnisse ergänzen, dass es der Selbstwirksamkeit der Schüler zuträglich ist, wenn die Lehrkraft Lösungswege darstellt und Lösungsstrategien verbalisiert.[97] Auch die Aufforderung an die Schüler selbst, ihre eigenen Lösungsstrategien zu verbalisieren, kann einen positiven Effekt auf ihre Selbstwirksamkeit haben, weil es ihre systematische Herangehensweise fördert und ihnen das Gefühl vermittelt, den Lernprozess und das Lernergebnis kontrollieren zu können.[98]

Eng an die positive Lernatmosphäre geknüpft ist auch die kompetenzorientierte und aktivierende Unterrichtsgestaltung durch die Lehrkraft. Dazu bietet es sich an, mit Hilfe von Binnendifferenzierung und kooperativen Methoden den Unterricht interessant und abwechslungsreich zu gestalten sowie die Schüler zur Übernahme eigener Verantwortung für Lernzuwächse zu ermutigen.[99] Auch das Einladen von externen Vorbildern, die davon berichten, wie sie Rückschläge verkraftet und überwunden haben, kann Schülern helfen, ihre Selbstwirksamkeit zu stärken. Darüber hinaus können Lehrkräfte selbst als Vorbilder durch engagiertes und begeisterndes Handeln den Herausforderungscharakter der unterrichtlichen Lerninhalte unterstreichen.

Zur Unterrichtsgestaltung gehört des Weiteren die Auswahl der Ziele für die Klasse und für einzelne Schüler. Dabei sind insbesondere Lernziele, die den Erwerb von Lernstrategien und Problemlösungskompetenzen fördern, für die Selbstwirksamkeit hilfreich. Denn gerade bei Lernzielen, die Fähigkeiten als veränderbare persönliche Fertigkeiten unterstreichen und somit ein dynamisches Mindset vermitteln, kann Selbstwirksamkeit auch die Zielerreichung positiv beeinflussen. Bei Leistungszielen kann der Schüler – gerade wenn er über ein statisches Mindset verfügt – häufig schlicht seine genetische Begabung für die erfolgreiche Zielerreichung verantwortlich machen.[100] Herausfordernde, aber erreichbare Nahziele (engl. *proximal goals*) für Schüler versprechen dabei den größten Erfolg. Allgemeine Zielvorgaben (z.B. „Zeige, was du kannst!") sind weniger effektiv, als spezifische, kleinschrittige Lernziele, die Leistungszuwächse transparent machen und verhindern, dass Schüler demoralisiert werden oder aufgeben wollen. Gerade zu Beginn eines Unterrichtsthemas fördern leichte, kleinschrittige Aufgaben, dass Schüler den Lernprozess starten und beginnen,

[95] Vgl. Chen & Usher (2013, S. 14)
[96] Vgl. Hackett (1985, S. 53)
[97] Vgl. Schunk & Rice (1989), Schunk (1981)
[98] Vgl. Schwarzer & Jerusalem (2002, S. 48), Schunk (1995, S. 287), Schunk & Rice (1989)
[99] Vgl. Mittag, Kleine & Jerusalem (2002, S. 169), Bandura (1997, S. 222)
[100] Vgl. Schwarzer & Jerusalem (2002, S. 47), Schunk (1996)

Selbstwirksamkeit in Bezug auf das spezielle Unterrichtsthema aufzubauen. Mit zunehmender Dauer der Bearbeitung eines Themas und steigender Selbstwirksamkeit der Schüler können den Schülern dann mit schwierigeren Aufgaben mehr Informationen über ihre Leistungspotenziale vermittelt werden. Hoch selbstwirksame Schüler sollten schließlich dazu ermuntert werden, Verantwortung für ihren eigenen Lernprozess zu übernehmen und sich selbst Ziele zu setzen, denn diese sind in der Regel anspruchsvoller als fremdgesetzte Ziele und werden mit stärkerem Engagement verfolgt.[101]

Die Nutzung von Lob sowie von Ursachenzuschreibungen für Erfolg und Misserfolg orientiert sich auch zur Förderung der Selbstwirksamkeit an der oben zur Förderung des Mindsets skizzierten Leitlinie. Je individueller die Bezugsnormorientierung der Lehrkraft ist, desto förderlicher ist dies für die Selbstwirksamkeit.[102] Anstrengung sollte von den Schülern immer als Zeichen einer wachsenden und nicht von fehlender Kompetenz angesehen werden.[103] Besonders effektiv ist es, Feedback zum Einsatz zu geben, das sich auf vergangene Leistung bezieht und keine Aufforderung für die Zukunft darstellt wie es beispielsweise bei „Du musst hart arbeiten!"[104] der Fall ist.[105] Lehrer sollten allgemein so wenig Kritik wie möglich und nur so viel wie nötig verwenden.[106] Rückmeldungen sollten zudem immer konstruktive Hinweise geben, wie Fehler vermieden und Defizite aufgearbeitet werden können, so dass der Schüler seine Leistung verbessern und sich selbst persönlich weiterentwickeln kann.[107] Auch die Schüler können lernen, sich selbst Mut und Geduld zuzureden und so ihre Selbstwirksamkeit steigern.[108] Darüber hinaus bietet es sich an, Kanäle für soziale Überzeugung zu öffnen, in dem verbale Unterstützung von Mitschülern, Eltern oder sogar schulexternen Quellen wie der Presse ermöglicht wird.[109]

Eine gute und vertrauensvolle Lehrer-Schüler-Beziehung ist ebenso wichtig, um die Selbstwirksamkeit von Schülern stärken zu können. Lehrkräfte, die fehlerfreundlich sind und einen konstruktiven Umgang mit Fehlern vormachen, wirken bei Schülern besonders positiv.

---

[101] Vgl. Jerusalem (2002, S. 10), Schwarzer & Jerusalem (2002, S. 46), Bandura & Schunk (1981, S. 592)
[102] Vgl. Rheinberg & Krug (2005), Mittag, Kleine & Jerusalem (2002, S. 169)
[103] Vgl. Rheinberg (1988)
[104] Vom Autor übersetzt. Das Original Beispiel lautet: „You need to work hard".
[105] Vgl. Schunk (1982)
[106] Vgl. Cooper & Good (1983)
[107] Vgl. Schwarzer & Jerusalem (2002, S. 47)
[108] Vgl. Corno (1989)
[109] Vgl. Chen & Usher (2013, S. 14)

Zusätzlich hilft es, wenn der Lehrer eine hohe Selbstwirksamkeit hat, diese vorlebt und den Schülern auf Augenhöhe begegnet. Gemeinsame Übungs- und Selbstreflexionsphasen stärken zusätzlich die Verbindung zwischen einer Lehrkraft und ihren Schülern, denen es dadurch erleichtert wird, selbst Selbstwirksamkeit aufzubauen.[110]

Auch Arbeitsgemeinschaften und andere außerunterrichtliche Angebote leisten einen wertvollen Beitrag dazu, dass Schüler ihre Selbstwirksamkeit steigern. Gerade in Projekten, bei denen am Ende ein Produkt entsteht, Bühnenauftritte erfolgen oder generell die individuelle Arbeitsleistung eines Schülers besonders sichtbar wird, steigt die Selbstwirksamkeit von Schülern, die diese außerunterrichtliche Selbstwirksamkeit daraufhin mit in den Unterricht nehmen.

Außerunterrichtliche Coaching und Mentoring Programme z.B. zum Selbstgesteuerten Lernen (engl. *Self-regulated learning*) oder Leadership Programme, wie z.B. Service Learning können ebenfalls die Selbstwirksamkeit stärken.[111] Dabei gibt es gerade im Bereich des sozialen und emotionalen Lernens auch schulexterne Programme wie z.B. Lion's Quest oder Responsive Classroom©, mit denen konkret an der Selbstwirksamkeit von Schülern gearbeitet werden kann.[112] Auch erlebnispädagogische Ausflüge und Interventionen steigern nachweislich die Selbstwirksamkeit von Jugendlichen.[113]

Ein ganz besonderes Angebot zur Förderung der Selbstwirksamkeit stellt die schulinterne Nachhilfe dar, die unter Umständen sogar als Schülerfirma organisiert werden kann. Hier profitiert der Nachhilfe nehmende Schüler davon, dass der Nachhilfe gebende Schüler die zu vermittelnden Aufgaben selbst erst vor kurzem unter Anstrengung gemeistert hat. Schüler der gleichen Schule verfügen zudem über eine besonders hohe Glaubwürdigkeit und Authentizität, weil sie sich gut in die Problemsituation hineinversetzen können, die schulspezifischen Rahmenbedingungen kennen und adäquate Problemlösungsstrategien vermitteln, die sogar auf den unterrichtenden Lehrer angepasst sein können.[114]

---

[110] Vgl. Kreutzmann, Zander & Hannover (2014, S. 110), Chen & Usher (2013, S. 19), Friedel, Cortina, Turner & Midgley (2007), Ashton & Webb (1986, S. 138)
[111] Vgl. Núñez, Rosário, Vallejo & González-Pienda (2013), Wong, Lau & Lee (2012), Schwarzer (1995, S. 33)
[112] Vgl. Griggs, Rimm-Kaufmann, Merritt & Patton (2013)
[113] Vgl. Kümmel, Hampel & Meier (2008)
[114] Vgl. Schwarzer & Jerusalem (2002, S. 44)

7   Zwei konkrete Fördermaßnahmen als Orientierung

In diesem Kapitel 7 sollen beispielhaft zwei konkrete Maßnahmen zur sozial-kognitiven Förderung von Schülern detailliert dargestellt werden. Die konkrete Ausgestaltung dieser Maßnahmen habe ich mit Hilfe der mir im Rahmen der Recherchen zu meiner Dissertation bekannt gewordenen Materialien übernommen. Zunächst beschreibe ich einen Unterrichtsentwurf zur Stärkung des dynamischen Mindsets. Im Anschluss an diese leicht abgrenzbare und eher auf einen Zeitpunkt bezogene Maßnahme folgen Umsetzungsvorschläge zur Förderung einer dynamischen und Selbstwirksamkeit stärkenden Schulkultur.

7.1 Vermittlung Sozial-Kognitiver-Psychologie in einer Unterrichtsstunde

Die folgende Tabelle zeigt eine Möglichkeit auf, wie Lehrkräfte ihren Schülern innerhalb einer sechzigminütigen Unterrichtsstunde die Kernbotschaft des dynamischen Mindsets vermitteln können.[115]

Beispielhafter Unterrichtsentwurf zur Vermittlung des dynamischen Mindsets			
Zeit	**Phasenbeschreibung und Aktivitäten**	**Sozial-Form**	**Material**
15 Min	Einstieg: Begrüßung und Erhebung von Mindset und Selbstwirksamkeit mit Hilfe von Fragebögen (Skalen + ggf. Szenarien Abfrage)	PL* EA**	Umfrage
37 Min	Arbeitsphase: Schüler lernen, dass das Gehirn wie ein Muskel funktioniert		
(7)	Schüler lesen gemeinsam und laut im Plenum den Lesetext	PL	Lesetext
(15)	Schüler bearbeiten ein Arbeitsblatt zum Lesetext	EA	Arbeitsblatt Postkarten
(15)	Schüler lesen ihre Ergebnisse vor. Lehrkraft fragt nach persönlichen Beispielgeschichten und erzählt gegebenenfalls eine eigene Beispielgeschichte[116] (Botschaft der Geschichte: Erfolg = Einsatz + Strategie + Hilfe). Schüler und Lehrkraft reflektieren den Lerninhalt	PL	Eigene dynamische Erfolgs-geschichte
8 Min	Abschluss: Schüler geben kurz Feedback zur Stunde (‚Bitzlicht'-Methode)	PL	
*PL = Plenum, **EA = Einzelarbeit,			

Abbildung 14: Unterrichtsentwurf zur Vermittlung eines dynamischen Mindsets

---

[115] Souvignier, Streblow, Holodynski & Schiefele (2007, S. 67) verweisen dazu auf die Diskussion, ob die Bereitstellung von ausgearbeiteten Unterrichtsentwürfen sinnvoll ist oder ob nicht Lehrkräfte stattdessen auf Basis von allgemeinen Grundsätzen ihren Unterricht selbst gestalten sollten.
[116] Ein englischsprachiges Beispiel einer Lehrer-Geschichte findet sich hier http://www.mindsetkit.org/static/files/YCLA_LessonPlan_v10.pdf [zuletzt besucht am 9. März 2015].

Umfrage:

Name: Alter: Datum:

1.   Deiner Meinung nach: Was ist Intelligenz? Wie würdest du Intelligenz definieren?

        _____

        _____

        _____

2.   Was denkst du dir, wenn du eine gute Note zurück bekommst? Wie erklärst du sie dir?

        _____

        _____

3.   Was denkst du dir, wenn du eine schlechte Note zurück bekommst? Wie erklärst du sie dir?

        _____

        _____

4.   Wie viel Spaß hast du, eine schwierige Aufgabe im Fachunterricht zu bearbeiten, bei der du
        vielleicht einen Fehler machst? Kreuze an.

1	2	3	4	5	6
ganz viel Spaß	viel Spaß	eher Spaß	eher keinen Spaß	keinen Spaß	überhaupt keinen Spaß

5.   Wann fühlst du dich intelligenter? Kreuze an.

A	B
wenn du eine Aufgabe ohne großen Aufwand richtig machst.	wenn du eine Aufgabe nach großer Anstrengung richtig machst.

6.   Deine letzte Klassenarbeit war eine Vier. Wann fühlst du dich intelligenter? Kreuze an.

A	B
Du schreibst eine Drei Minus und hast damit die beste Arbeit der Klasse.	Du schreibst eine Drei Plus und das ist die zehntbeste Arbeit deiner Klasse.

7.   Wenn ich an meinen Schulabschluss denke, dann stelle ich mir vor...

        _____

        _____

65

1. Du hast eine bestimmte Intelligenz *in* _____ und daran kannst du wenig ändern.

☐	☐	☐	☐	☐	☐
Stimme voll zu	Stimme zu	Stimme eher zu	Stimme eher nicht zu	Stimme nicht zu	Stimme überhaupt nicht zu

2. Deine Intelligenz *in* _____ ist etwas an dir, das du nicht wirklich verändern kannst.

☐	☐	☐	☐	☐	☐
Stimme voll zu	Stimme zu	Stimme eher zu	Stimme eher nicht zu	Stimme nicht zu	Stimme überhaupt nicht zu

3. Du kannst neue Dinge lernen, aber deine eigene Grundintelligenz *in* _____ kannst du nicht verändern.

☐	☐	☐	☐	☐	☐
Stimme voll zu	Stimme zu	Stimme eher zu	Stimme eher nicht zu	Stimme nicht zu	Stimme überhaupt nicht zu

4. Ich kann auch die schwierigen Aufgaben im _____ Unterricht lösen, wenn ich mich anstrenge.

   o   stimmt nicht   o   stimmt kaum   o   stimmt eher   o   stimmt genau

5. Wenn ich *im* _____ Unterricht eine schwierige Aufgabe an der Tafel lösen soll, glaube ich, dass ich das schaffen werde.

   o   stimmt nicht   o   stimmt kaum   o   stimmt eher   o   stimmt genau

6. Selbst wenn ich mal längere Zeit krank sein sollte, kann ich immer noch gute Leistungen im Fach _____ erzielen.

   o   stimmt nicht   o   stimmt kaum   o   stimmt eher   o   stimmt genau

7. Auch wenn der Lehrer/die Lehrerin an meinen Fähigkeiten zweifelt, bin ich mir sicher, dass ich *im* _____ Unterricht gute Leistungen erzielen kann.

   o   stimmt nicht   o   stimmt kaum   o   stimmt eher   o   stimmt genau

8. Ich bin mir sicher, dass ich in _____ auch dann noch meine gewünschten Leistungen erzielen kann, wenn ich mal eine schlechte _____Note bekommen habe.

   o   stimmt nicht   o   stimmt kaum   o   stimmt eher   o   stimmt genau

<u>Lesetext:</u>   **Du kannst deine Intelligenz steigern**[117]

Neue Forschungsergebnisse zeigen: Das Gehirn funktioniert wie ein Muskel.

Für viele Menschen ist das Gehirn ein Rätsel, weil sie wenig darüber wissen, wie das Gehirn funktioniert und was Intelligenz eigentlich ist. Wenn einige Menschen über Intelligenz nachdenken, glauben sie daran, dass eine Person klug, durchschnittlich oder dumm geboren wird – und ein Leben lang so bleibt.

Die neueste Forschung zeigt jetzt aber, dass das Gehirn wie ein Muskel ist. Es verändert sich und wird stärker, wenn man es benutzt. Wissenschaftler konnten sogar zeigen, wie beim Lernen die Intelligenz wächst und das Gehirn stärker wird.

Jeder weiß, wenn man Gewichte hebt, werden die Muskeln größer und man selbst stärker. Jemand, der zu Beginn einer Fitnessstudio Mitgliedschaft nicht mal 25 Kilogramm heben konnte, kann nach

längerem Training stark genug sein, um 100 Kilogramm zu heben. Dies liegt daran, dass seine Muskeln durch das Training größer und stärker werden. Wenn man mit dem Training aufhört, werden die Muskeln wieder kleiner und schwächer. Deswegen sagt man: „Übung macht den Meister!"

Doch die meisten Menschen wissen nicht, dass auch Teile ihres Gehirns größer und stärker werden, wenn sie üben und neue Dinge lernen – genau wie Muskeln. In der Gehirnrinde sind Milliarden kleiner Nervenzellen, die man Neuronen nennt. Diese Nervenzellen haben Verbindungen mit ganz vielen anderen Zellen. Die Kommunikation zwischen diesen Gehirnzellen ist es, die uns denken und Probleme lösen lässt.

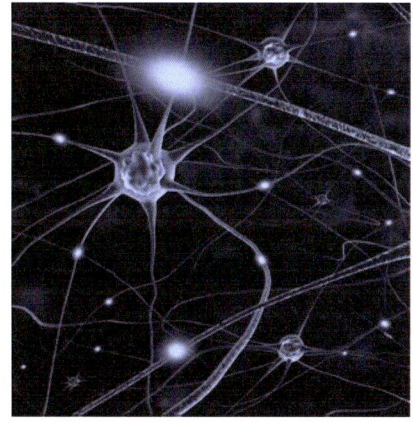

Sobald man etwas Neues lernt, multiplizieren sich diese Verbindungen und werden stärker. Je mehr man sich anstrengt, umso stärker wachsen die Gehirnzellen. So werden Dinge, die man früher für schwer und unmöglich gehalten hat wie z.B. eine neue Sprache zu lernen oder einen neuen Tanzschritt, einfacher. Als Ergebnis ist das Gehirn stärker und schlauer als vorher.

Woher wissen wir, dass das Gehirn wachsen und schlauer werden kann?

Wissenschaftler kamen auf die Idee, dass das Gehirn stärker werden kann, als sie mit Babys gearbeitet haben. Jeder weiß, dass Babys geboren werden, ohne dass sie sprechen oder uns verstehen können. Dennoch lernen fast alle Babys ihre Muttersprache in den ersten Lebensjahren. Wie machen sie das?

---

[117]Gekürzte eigene Übersetzung des Texts „You Can Grow Your Intelligence" von www.mindsetworks.com Copyright © Mindset Works, Inc.; Icons made by Anatoly(Brain) and Freepik from www.flaticon.com.

Der Schlüssel zu einem stärkeren Gehirn: Übung, Übung, Übung!

Vom ersten Tag der Geburt an hören Babys die Menschen um sie herum reden – jeden Tag, den ganzen Tag, mit dem Baby, über das Baby und untereinander. Das Baby hört zu und versucht einen Sinn in den Lauten zu erkennen. Babys trainieren in dieser Zeit ihr Gehör, indem sie genau zuhören.

Später, wenn sie ihren Eltern mitteilen wollen, was sie wollen, beginnen sie auch das Sprechen zu üben. Zuerst machen sie nur „GaGa"- Geräusche. Dann folgen erste Wörter. Mit drei Jahren können die meisten Kinder ganze Sätze fast perfekt aussprechen.

Hat ein Kind eine Sprache gelernt, vergisst es diese nicht. Sein Gehirn hat sich verändert. Es ist schlauer geworden.

Dies passiert, weil das Lernen bleibende Veränderungen im Gehirn hervorruft. Die Gehirnzellen des Babys werden stärker und bilden neue Verbindungen untereinander. Diese neuen, stärkeren Verbindungen machen das Gehirn schlauer, genau wie man auch durch Gewichte heben stärker wird.

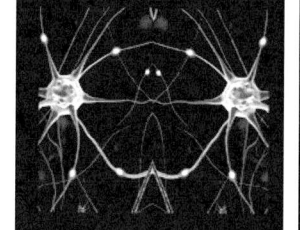 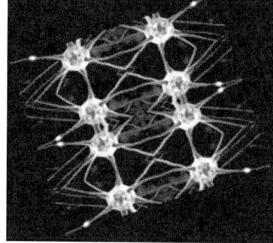

Schematische Darstellung: Gehirn bei der Geburt

Schematische Darstellung: Gehirn im Alter von 6 Jahren

Die Wahrheit über „schlau" und „dumm"

Niemand denkt Babys sind dumm, weil sie nicht sprechen können. Sie haben es einfach noch nicht gelernt. Aber manche Menschen nennen andere dumm, wenn sie eine Matheaufgabe nicht lösen, ein Wort falsch buchstabieren oder nur langsam lesen können – obwohl all diese Dinge auch gelernt und geübt werden müssen.

Am Anfang kann keiner lesen oder Wörter richtig buchstabieren. Aber mit Übung, kann jeder lernen, wie man das richtig macht. Je mehr man lernt, desto einfacher wird es, wieder neue Dinge zu lernen – weil der „Gehirn-Muskel" bereits stärker geworden ist!

Die Schüler, von denen jeder denkt, sie seien die „Schlausten", kommen nicht anders auf die Welt als andere. Aber bevor sie in die Schule kommen, haben sie vielleicht schon das Lesen oder Rechnen geübt. Sie haben schon ihren „Lese-Muskel" oder „Rechnen-Muskel" trainiert. Deswegen sagt jeder in der Klasse: „Das ist der oder die Schlauste der Klasse."

Sie verstehen nicht, dass jeder andere Schüler genauso gut lesen könnte, wenn sie es üben und genauso viel trainieren. Denn wenn man bedenkt: jeder Schüler hat in seiner Kindheit bisher mindestens eine Sprache neu gelernt – etwas, das Erwachsene sehr schwer finden. Erwachsene müssen ihr Gehirn auch trainieren.

Was kann man machen, um schlauer zu werden?

Genau wie jemand der ins Fitnessstudio geht oder wie ein Tänzer muss man hart arbeiten und fleißig sein, um sein Gehirn zu trainieren. Denn nur durch Übung wird das Gehirn stärker. Man lernt neue Fähigkeiten und Lernstrategien, um sein Gehirn noch besser zu nutzen – genau wie ein Tänzer neue Schritte und Tricks lernt.

Aber viele Menschen verpassen die Chance, ihr Gehirn zu trainieren, weil sie glauben, dass sie das nicht können oder dass es zu schwer ist. Und es braucht harte Arbeit, ebenso wie es dauert, bis man richtig muskulös oder ein toller Tänzer ist. Manchmal tut es sogar weh! Aber wenn man merkt, wie man besser und stärker wird, ist das die Anstrengung wert!

„Du kannst deine Intelligenz steigern"

Aufgabe 1)

Wieso kann man das Gehirn mit einem Bodybuilder vergleichen? Was haben ein Bodybuilder und das Gehirn gemeinsam?

_____

_____

_____

_____

_____

Aufgabe 2)

Ist es dir schon einmal passiert, dass du etwas geschafft hast, was du vorher nicht für möglich gehalten hättest? Nenne ein Beispiel aus deinem Leben!

_____

_____

_____

_____

_____

Aufgabe 3)

Stell dir vor du bist Personal Trainer für das Gehirn. Nutze dein neu gewonnenes Wissen zum Gehirn und schreibe eine Postkarte an dein kleineres Geschwisterkind, Cousins, Cousine oder ähnliche, um sie oder ihn für die Schule oder ein neues Hobby zu motivieren!

Aufgabe A

Warum lernt ein deutsches Baby die deutsche Sprache und kann mit den Lauten der chinesischen Sprache nichts anfangen? Wie ist das für das chinesische Baby?

Aufgabe B

Warum sehen Asiaten aus unterschiedlichen Ländern in den Augen von Europäern sehr ähnlich aus? Wie sehen Deutsche, Franzosen, Polen und Dänen aus der Sicht von Asiaten aus? Hilft uns das neu gewonnene Wissen zum Gehirn dabei, dieses Phänomen zu erklären?

Aufgabe C

Richtig oder falsch? Warum?

1.) Das Gehirn von einem sechs Jahre alten Kind hat weniger Verbindungen zwischen Nervenzellen als das Gehirn von Babys.

2.) Auch wenn ein Elternpaar nie mit seinem Baby spricht, würde das Baby trotzdem lernen, zu sprechen.

3.) Wenn man aufhört sein Gehirn zu trainieren, wird es schwächer.

4.) Wenn man sich bei einer Aufgabe nicht anstrengen muss, bedeutet das, dass man schlau ist.

5.) Je mehr man sich für eine Aufgabe anstrengen muss, desto stärker wachsen die Gehirnzellen.

Aufgabe D

Tomasz ist 13 Jahre alt. Sein großer Traum ist es, später mal Notarzt zu werden, um bei Unfällen mit Blaulicht ganz schnell zu Unfallstellen zu fahren und den Verletzten zu helfen. Im Moment geht Tomasz aber noch in die 7. Klasse an einer Hauptschule um die Ecke. Seit zwei Jahren wohnt er mit seiner Familie in einer kleinen Wohnung in Deutschland und seine Eltern sagen ihm, dass sie für immer in Deutschland bleiben wollen. Mittlerweile spricht Tomasz auch ein gutes Deutsch und schreibt sogar Zweien statt Fünfen und Vieren in den Deutscharbeiten. Doch meistens hat Tomasz keine Lust für die Schule zu arbeiten, weil er seine Freunde aus der Grundschule in Polen vermisst. Nachmittags spielt er deswegen in der Regel PlayStation.

Du bist seit zwei Jahren mit Tomasz befreundet und weißt, wie gerne er Medizin studieren möchte. Du willst, dass er sein Ziel erreicht. Nutze dein Wissen zum Gehirn und motiviere Tomasz!

Aufgabe E

Bitte fülle den folgenden Lückentext sinnvoll aus.
(Als Hilfe kann folgender Wortspeicher angegeben werden:
Spielzeug/Alter/Nervenzellen/Nervenzellen/mehr/mehr/Spielzeug/schwereres/schwerer/ Übung/lernen/Essen/ Schlafen/kein/Tiere/Fleiß)

Wissenschaftler finden unterschiedlich schwere Gehirne bei Tieren

Wissenschaftler, die an den Gehirnen von Menschen und Tieren forschen, haben eine bahnbrechende Entdeckung gemacht: Eine herausfordernde Umgebung führt dazu, dass Tiere in einem Käfig mit verschiedenen Spielsachen und weiteren Tieren ein _____ Gehirn haben, als Tiere in einem leeren Käfig. In ihrem wissenschaftlichen Experiment zeigte sich, dass die Tiere in leeren Käfigen nur mit _____ und _____ beschäftigt waren. Die Tiere in den Käfigen mit _____ dagegen waren ständig aktiv und haben versucht, die verschiedenen Spielsachen zu benutzen. Dies führte dazu, dass die Tiere in der herausfordernden Umgebung _____ Verbindungen zwischen den _____ in ihrem Gehirn hatten und diese stärker waren. Insgesamt waren ihre Gehirne etwa 10% _____ als die Gehirne von Tieren, die _____ Spielzeug im Käfig hatten. Darüber hinaus zeigte sich, dass _____, die ihr Gehirn mit _____ trainierten, schlauer waren, weil sie Probleme lösen konnten und neue Dinge gelernt haben. Selbst bei besonders alten Tieren zeigte sich, dass sie _____ Verbindungen zwischen den _____ in ihren Gehirnen entwickeln, wenn sie sich ihren Käfig mit jüngeren Tieren und Spielsachen teilen. Auch wenn es im _____ schwerer ist, Neues zu _____, kann man mit _____ und _____ bei allem besser werden.

Lösung: Wissenschaftler finden unterschiedlich schwere Gehirne bei Tieren

Wissenschaftler, die an den Gehirnen von Menschen und Tieren forschen, haben eine bahnbrechende Entdeckung gemacht: Eine herausfordernde Umgebung führt dazu, dass Tiere in einem Käfig mit verschiedenen Spielsachen und weiteren Tieren ein schwereres Gehirn haben, als Tiere in einem leeren Käfig. In ihrem wissenschaftlichen Experiment zeigte sich, dass die Tiere in leeren Käfigen nur mit Essen und Schlafen beschäftigt waren. Die Tiere in den Käfigen mit Spielzeug dagegen waren ständig aktiv und haben versucht, die verschiedenen Spielsachen zu benutzen. Dies führte dazu, dass die Tiere in der herausfordernden Umgebung mehr Verbindungen zwischen den Nervenzellen in ihrem Gehirn hatten und diese stärker waren. Insgesamt waren ihre Gehirne etwa 10% schwerer als die Gehirne von Tieren, die kein Spielzeug im Käfig hatten. Darüber hinaus zeigte sich, dass Tiere, die ihr Gehirn mit Spielzeug trainierten, schlauer waren, weil sie Probleme lösen konnten und neue Dinge gelernt haben. Selbst bei besonders alten Tieren zeigte sich, dass sie mehr Verbindungen zwischen den Nervenzellen in ihren Gehirnen entwickeln, wenn sie sich ihren Käfig mit jüngeren Tieren und Spielsachen teilen. Auch wenn es im Alter schwerer ist, Neues zu lernen, kann man mit Übung und Fleiß bei allem besser werden.

Der oben dargestellte Unterrichtsentwurf ist als beispielhafte Anregung zu verstehen. Lehrkräfte sollten diese für die 9. Klasse einer Berliner Oberschule konzipierte Lehreinheit jedoch nicht eins zu eins übernehmen. Stattdessen bietet es sich an, die eigene Unterrichtsgestaltung zur Vermittlung eines dynamischen Mindsets an die schul- und klassenspezifischen Bedingungen anzupassen.[118] Die zusätzlichen Aufgaben zum dynamischen Mindset, die oben über das Beispiel Arbeitsblatt hinaus zur Verfügung gestellt sind, sollen als Ermunterung dazu dienen. Es ist empfehlenswert, die Umfrage zu späteren Zeitpunkten erneut zu wiederholen. Auf diesem Weg können die Veränderungen des Mindsets und der Selbstwirksamkeit beispielsweise in Abständen von drei bis sechs Monaten überprüft werden.

7.2   Stärkung einer dynamischen und Selbstwirksamkeit fördernden Schul- und Klassenkultur

Im Folgenden werden nun einige, in der Praxis leicht umsetzbare Maßnahmen zur dauerhaften Förderung einer dynamischen und Selbstwirksamkeit fördernden Schul- und Klassenkultur vorgestellt.

Anknüpfend an die oben beschriebene Einzelaktion ist es zunächst naheliegend, in der darauf folgenden Unterrichtsstunde gemeinsam mit den Schülern zu überlegen, wie dem neu erworbenen Wissen zum Gehirn und damit einem dynamischen Mindset innerhalb der Schule Rechnung getragen werden kann. Denn unabhängig davon, ob letztendlich nur einige wenige von den Schülern vorgeschlagene Maßnahmen umgesetzt werden, wird die allgemeine Selbstwirksamkeit all derjenigen Schüler steigen, die am Prozess der Maßnahmenfindung teilgenommen haben. Gleichzeitig wird den Schülern auf diesem Weg ein praktisches Beispiel dafür geliefert, dass sie mit ihren Ideen und Fähigkeiten ihre Schulumwelt positiv beeinflussen können. Immer wenn die Mitbestimmungsmöglichkeiten von Schülern und Lehrern steigen und die Ergebnisse für die Schule erfolgreich genutzt werden, erhöht sich auch die Selbstwirksamkeit aller Beteiligten.[119]

Völlig unabhängig von einer einmaligen unterrichtlichen Vermittlung des dynamischen Mindsets ist es Lehrkräften generell möglich, eine dynamische und Selbstwirksamkeit stärkende Schul- und Klassenkultur kontinuierlich zu fördern. Die unten stehende Tabelle listet auf, aus welchen Grundbestandteilen eine solche Kultur besteht und mit welchen praktischen Maßnahmen zu ihrer Umsetzung in der Schule beigetragen werden kann.

---

[118] Vgl. Kline, Deshler & Schumaker (1992)
[119] Vgl. Kohlberg (1986)

Fünf Grundbestandteile einer dynamischen und Selbstwirksamkeit fördernden Schulkultur[120]	
Grundbestandteil/Ziel	**Umsetzung in der Praxis**
1. Lehrkräfte haben ein dynamisches Mindset und eine hohe Selbstwirksamkeit	Lehrkräfte verstehen sich und ihre Rolle nicht als Bewerter, sondern als Potenzialentwickler, die hohe Anforderungen stellen und Schüler mit Zuneigung, Fürsorge und Disziplin zur Bewältigung dieser Anforderungen führen. <u>Konkrete Methode</u>: ‚Noch nicht'-Ritual
2. Lernziele sind wichtiger als Leistungsziele	<u>Konkrete Methode</u>: Hinweise auf Arbeitsblättern, wie „Mit diesem neuen Aufgabentyp trainierst du dein Gehirn!"
3. Kooperation ist wichtiger als Wettbewerb	<u>Konkrete Methode</u>: Schüler als Experten/Gruppenmix Methode
4. Stärkung einer individuellen Bezugsnorm & motivationsfördernder Attributionen	<u>Konkrete Methoden</u>: Verträge, individuelle Ziele, Kompetenzraster, Attributionstraining
5. Genereller Fokus auf Entwicklung und prozessorientiertes Feedback	<u>Konkrete Methoden</u>: „My-Favorite-No", Portfolios, Vorher-Nachher-Vergleiche

Abbildung 15: Grundbestandteile einer dynamischen Schulkultur

Hauptbestandteil einer dynamischen und Selbstwirksamkeit fördernden Schulkultur sind Lehrkräfte, die selbst über eine dynamische Einstellung und ein hohes Zutrauen in die eigenen pädagogischen Fähigkeiten verfügen. Sie sollten insbesondere vor neu zu beginnenden Unterrichtsreihen gegenüber den Schülern betonen, dass deren allgemeine schulische Fähigkeiten entwickelbar und die nötigen Kompetenzen zur Bewältigung der neuen Unterrichtsreihe erlernbar sind. Darüber hinaus sollten sie unterstreichen, dass sie Schüler nicht in intelligente und dumme Kinder unterteilen, sondern dass sie jeden einzelnen besser machen wollen. Sie definieren Herausforderungen und Fehler positiv als Lernchancen und vermitteln, dass Anstrengung ein Zeichen von wachsender Intelligenz ist. Eine methodische Umsetzungsmöglichkeit erfolgt beispielsweise über die Einführung des „Noch nicht"-Rituals. Wann immer ein Schüler im Unterricht äußert, dass er in einem Thema nicht gut sei oder eine Aufgabe nicht lösen könne, begegnet ihm die Lehrkraft mit den

---

[120] Die Reihenfolge dieser Auflistung ist vom Autor frei gewählt. Die Auflistung erhebt keinen Anspruch auf Vollständigkeit.

Worten „Noch nicht!". Ebenso wenn ein Schüler sagt, dass er ein bestimmtes Unterrichtsthema nicht mag, sollte die Antwort der Lehrkraft sein: „Noch nicht!". Allein durch die häufige Verwendung dieses Ausdrucks vermittelt die Lehrkraft ihren Schülern, dass Fähigkeiten und Motivation veränderbar und keine starren Eigenschaften sind.[121]

Eine weitere bedeutende Maxime zur sozial-kognitiven Förderung von Schülern ist die Wichtigkeit von Lernzielen im Vergleich zu Leistungszielen. Auch wenn Schüler mit Hilfe von extrinsischen Anreizen wie Noten oder Leistungszielen scheinbar gut motiviert werden können, ist eine so erzielte Motivation nicht nachhaltig.[122] Stattdessen ist es empfehlenswert, Schüler durch den Wert und die Relevanz der Inhalte zu motivieren sowie ihre Selbstmotivation zu lernen und sich weiterzuentwickeln, anzusprechen. Denn Schüler, die sich hauptsächlich an Leistungszielen und Noten orientieren, reagieren insbesondere in schwierigen und herausfordernden Lernphasen sowie bei Rückschlägen oder Misserfolgen destruktiv. Lernziele dagegen schützen Schüler vor einem destruktiven Umgang mit Rückschlägen und fördern bei ihnen die Anwendung von elaborierten Lernstrategien, die auf Verständnis anstatt lediglich auf eine schnelle Bearbeitung ausgelegt sind. Besonders effektiv sind kleinschrittige und spezifische Lernziele, die den Schülern Leistungszuwächse transparent machen und ihre Selbstwirksamkeit stärken. Ergänzend dazu können Lehrkräfte mit den Schülern erfolgsversprechende Lösungsstrategien und aufgabentypspezifische Bearbeitungsanleitungen entwickeln, die den Schülern auch bei herausfordernden Aufgaben zum Erfolg verhelfen. Ganz konkret können Lehrkräfte zudem Arbeitsblätter, Testbögen und Klausuraufgaben mit Lernziel orientierten Motivationssprüchen versehen.

Anknüpfend an die bisher vorgestellten Grundlagen unterstreicht eine dynamische und Selbstwirksamkeit stärkende Schulkultur den Stellenwert von Kooperation. Hintergrund ist, dass die Schüler gemeinsam jeweils an der persönlichen Weiterentwicklung arbeiten und sich nicht im sozialen Vergleich mit ihren Mitschülern über bessere Noten und Leistungsziele extrinsisch motivieren sollen. Um dieses Ziel zu erreichen, sollten Lehrkräfte in Unterrichts- und Einzelgesprächen vollständig auf Vergleiche zwischen Mitschülern verzichten. Darüber hinaus eignen sich besonders kooperative Lernformen[123], um ein ausschließlich wettbewerbsorientiertes Klassenklima zu verhindern.

Zwei konkrete Methoden, die häufig von den für meine Dissertation interviewten Lehrkräften genannt wurden, sind die Gruppenmix Methode sowie die Qualifizierung von Schülern als

---

[121] Vgl. Dweck (2010)
[122] Vgl. Mietzel (2001, S. 347)
[123] Kooperatives Lernen bezeichnet „eine Form der Organisation des Klassenzimmers, bei der Schüler in kleineren Gruppen arbeiten, um sich beim Lernen des Stoffs gegenseitig zu helfen (Slavin, 1989, S. 129). Johnson und Johnson (1995) ergänzen, dass kooperatives Lernen neben der Selbstwirksamkeit auch die soziale Akzeptanz, die soziale Unterstützung und die sozialen Fertigkeiten stärkt.

Experten. Bei der Gruppenmix Methode werden zunächst Gruppen von vier oder fünf Schülern gebildet, die sich jeweils gemeinsam mit einer von vier oder fünf Facetten eines Themas beschäftigen. In einer zweiten Phase werden dann gemischte Expertengruppen gebildet, bei denen die Schüler ihrer neuen Gruppe die Facette erläutern, die sie sich jeweils in der Phase zuvor selbst in der ersten Gruppe erarbeitet haben. Auf diese Weise ist in der zweiten Phase jede Gruppe auf jedes Gruppenmitglied angewiesen, um alle vier oder fünf Facetten des Unterrichtsthemas kennenzulernen. Diese positive Abhängigkeit und ein kooperatives Gruppenklima fördern die Selbstwirksamkeit aller beteiligten Schüler. Die Qualifizierung von Schülern als Experten nehmen Lehrkräfte häufig bei fachlich oder sozial besonders starken Schülern vor. Diese teilweise auch schriftlich fixierten Vereinbarungen zwischen Lehrkraft und Experte beauftragen den Schüler-Experten dann damit, einem oder mehreren Mitschülern bei der Erreichung eines bestimmten Lernziels – beispielsweise ein Handstand im Sportunterricht oder ein bestimmter Knoten im Textilunterricht – zu helfen. Mit dieser Methode werden die Selbstwirksamkeiten des Hilfe gebenden und des Hilfe nehmenden Schülers gestärkt. Im Erfolgsfall haben zudem auch beide Schüler die dynamische Erfahrung gemacht, dass die benötigte Fähigkeit erlernbar ist.

Lehrkräfte sollten ihren Schülern – wie bereits oben ausgeführt – eine individuelle statt einer sozialen Bezugsnorm sowie motivationsfördernde Ursachenzuschreibungen vermitteln.[124] Die Kriterien und Reaktionsmöglichkeiten einer individuellen Bezugsnorm wurden bereits in der Abbildung im Kapitel 6.1 ausführlich beschrieben. Weitere konkrete Umsetzungsmöglichkeiten zur Stärkung einer individuellen Bezugsnorm sind individuelle Zielvereinbarungen, Lernverträge sowie die Nutzung von Kompetenzrastern, weil sie den Schülern aufzeigen, dass sich ihre Fähigkeiten weiterentwickeln können. Motivationsfördernde Ursachenzuschreibungen können Lehrkräfte bei Schülern über ein verbales und schriftliches (Re-) Attributionstraining stärken. Grundsätzlich gilt, dass Schüler interne Faktoren wie ihr aktuelles Fähigkeitsniveau, die verwendeten Lern- und Lösungsstrategien oder ihre Anstrengungsbereitschaft und ihren Einsatz für ihre Erfolge verantwortlich machen sollten. In Fällen von Misserfolgen dagegen sollten Lehrkräfte den Schülern variable Faktoren[125] als Erklärung für den Misserfolg anbieten und konkrete Möglichkeiten zur nachträglichen Zielerreichung aufzeigen.[126] Dabei ist darauf zu achten, dass Lehrkräfte bei den Schülern keine unrealistischen Einschätzungen ihrer Fähigkeiten

---

[124] Vgl. Krug & Lecybyl (2005)

[125] Diese können interne (Anstrengungsbereitschaft, Lernstrategieauswahl) oder externe (Lehrkraftunterstützung, Glück, Pech) variable Faktoren sein.

[126] Bei der Einübung von Ursachenzuschreibungen durch Feedback sollten Lehrkräfte zudem berücksichtigen, inwiefern bestimmte Schüler Faktoren wie eigene Fähigkeit oder Glück als stabil oder veränderbar wahrnehmen. Denn davon hängt ab, wie Erfolgs- oder Misserfolgsattributionen auf diese Faktoren wirken (Stone, 1998; Zhao, Dweck, & Mueller, 1998). Grundsätzlich ist es hilfreich, den Schülern zu verdeutlichen, dass sowohl die eigene Fähigkeit – im Sinne des dynamischen Mindsets –, als auch der Faktor Glück variabel sind (Dweck C. S., 1999, S. 141).

fördern und ihre angebotenen Ursachenzuschreibungen glaubhaft sind. Prinzipiell müssen Lehrkräfte deutlich machen, dass sie allen Schülern den Erfolg im Unterricht zutrauen, wenn diese bereit sind, ausreichend hart zu arbeiten.

Schließlich zeichnet sich eine Schulkultur im Sinne der sozial-kognitiven Förderung von Schülern dadurch aus, dass Lehrkräfte ihren Fokus auf die Entwicklung der Schüler hervorheben, indem sie fehlerfreundlich sind und prozessorientiertes Feedback geben. Methodische Umsetzungsmöglichkeiten sind beispielsweise Portfolios[127], die auf Basis von verschiedenen Leistungen die Lernentwicklung von Schülern verdeutlichen oder auch Vorher-Nachher-Vergleiche. Vorher-Nachher-Vergleiche können beispielsweise „Mind-Maps" oder testartige Abfragen sein, die zum Beginn einer Unterrichtsreihe und am Ende der Unterrichtsreihe durchgeführt werden, um den Schülern ihre Entwicklung aufzuzeigen. Ziel dieser Vorher-Nachher-Vergleiche ist es, den Schülern ihren Lernfortschritt transparent zu machen. Sie sollten daher nicht benotet werden.

Ein weiterer Praxistipp, mit dem im Mathematik Unterricht die Selbstwirksamkeit und das dynamische Mindset gestärkt werden und der konstruktive Umgang mit Fehlern trainiert wird, ist die Methode „My-Favorit-No"[128]. Dazu wird ein Unterrichtseinstieg ritualisiert, bei dem die Lehrkraft zu Beginn der Stunde immer ein bis zwei Aufgaben an die Tafel schreibt und diese anschließend von Schülern auf leeren Karteikarten bearbeiten lässt. Nach der kurzen Bearbeitungsphase werden die Karteikarten von der Lehrkraft eingesammelt und nach richtigen und falschen Lösungen sortiert. Gleichzeitig sucht die Lehrkraft nach ihrer „liebsten Falschantwort", von der die Schüler besonders viel lernen können. Diese „liebste Falschantwort" wird dann anonym für alle Schüler sichtbar an der Tafel oder mit Hilfe des Tageslichtprojektors im Plenum analysiert. Das Motto lautet: „Wir machen alle Fehler und jeder Fehler beinhaltet auch die Möglichkeit zu zeigen, was man bereits versteht. Lehrkräfte müssen wissen, was die eigenen Schüler noch nicht können, damit sie ihnen genau das noch vor der Klassenarbeit beibringen können". Die Bezeichnung „liebste Falschantwort" vermittelt den Schülern darüber hinaus, dass das, was sie gemeinsam analysieren werden, zwar falsch ist, aber gleichzeitig dennoch auch gute mathematische Fähigkeiten zeigt, weil Teilschritte oder bestimmte Regeln richtig angewandt wurden. Mit diesen positiven Aspekten des Lösungsversuchs wird dann die Plenumsdiskussion gestartet. Dieser Schritt verdeutlicht dem Schüler, dessen Lösungsversuch von allen analysiert wird, dass er zwar nicht alles, aber einiges richtig gemacht hat. Erst zum Schluss stellt die Lehrkraft die Frage, was der Schüler „noch nicht" verstanden hat. Mit Hilfe dieser Methode kann der ganze Kurs aus

---

[127] Ausführliche Informationen zum Portfolio finden sich beispielsweise unter http://updatenet.net/images/c/cf/Portfolio_dossier.pdf [Zuletzt besucht am 10. März 2015].
[128] Eine videobasierte Beschreibung der Methode findet sich beim TeachingChannel unter https://www.youtube.com/watch?v=Rulmok_9HVs [Zuletzt besucht am 10. März 2015].

einem Fehler lernen, ohne dass die Lehrkraft den Schüler, der den Fehler gemacht hat, bestraft oder seine Klassenkameraden sich über den Fehler lustig machen.

Gerade der verbale Umgang einer Lehrkraft mit ihren Schülern im Unterricht kann viel zu einer dynamischen und Selbstwirksamkeit stärkenden Kultur beitragen. In den vorherigen Kapiteln wurde bereits darauf eingegangen, dass Feedback sich möglichst auf den Arbeitsprozess des Schülers beziehen und nicht den Eindruck von stabilen persönlichen Merkmalen erwecken sollte. Da es für viele Lehrkräfte herausfordernd sein könnte, durch jahrelange Übung eingeschliffene Feedbackäußerungen zu verändern, stellt die folgende Tabelle einige „Dos and Don'ts" dar. Sie sind als Anregungen zu verstehen, wie Lehrkräfte verbale Rückmeldungen im Sinne einer dynamischen und Selbstwirksamkeit fördernden Klassenkultur geben können.

Verbale Rückmeldungen von Lehrkräften und ihre implizite Botschaft an die Schüler[129]	
Dos	
Äußerung von Lehrkräften	**Botschaft an die Schüler**
„Die Hausaufgaben waren diesmal umfangreich und schwer. Klasse, wie du dich bis zum Schluss konzentriert hast."	Es ist gut, wenn man sich lange konzentrieren kann.
„Großartig! Du hast verschiedene Lösungsansätze versucht, du bist den Hinweisen gefolgt und hast eine funktionierende Lösungsstrategie gefunden. Du bist wie Sherlock Holmes, der große Detektiv. Bist du bereit, eine weitere Aufgabe zu probieren?"	Manchmal muss man verschiedene Lösungsansätze probieren, aber wenn man sich konzentriert, dann findet man einen Lösungsweg, der funktioniert. Das fühlt sich großartig an.
„Das Bild hat viele schöne Farben. Erzähl mir, was du dir dabei gedacht hast!"	Deine Gedanken, deine Lösungsstrategie und deine Entscheidungen sind wichtig und haben zu diesem Erfolg geführt.
„Du hast dir mit dem Aufsatz viel Mühe gegeben. Jetzt verstehe ich Shakespeare besser."	Es ist gut, sich Mühe zu geben und du hast mir geholfen.
„Du spielst das Klavierstück mit großer Leidenschaft und es klingt sehr fröhlich. Wie fühlst du dich, wenn du es spielst?"	Es ist gut, wenn man Spaß an einer Sache hat und mir ist es wichtig, dass du dich gut fühlst.

---

[129] Beispielhafte Auflistung, insbesondere von ursprünglich englischsprachigen Äußerungen, die mir während der Recherche vor allem in den Arbeiten von Carol Dweck (2007) begegnet sind.

„Oh, das war wohl zu einfach. Tut mir leid, dass ich deine Zeit verschwendet habe. Ich gebe dir eine Aufgabe, bei der du wirklich lernen kannst."	Wenn man sich für die Lösung einer Aufgabe nicht anstrengen muss, dann lernt man nichts. Wenn man nichts lernt, ist es Zeitverschwendung.
„Es ist ein schlimmes Gefühl, wenn alle dich beurteilen und du nicht zeigen kannst, was du drauf hast. Du sollst wissen, dass ich dich nicht beurteile. Mir ist wichtig, dass du lernst, und ich weiß, dass du dein Zeug gelernt hast. Ich bin stolz, dass du nicht aufgehört hast zu lernen."	Ich bin stolz auf dich, weil du lernst und nicht aufgibst, wenn es mal schwierig wird. Es ist nicht meine Rolle, dich zu beurteilen[130] (oder zu verurteilen).
„Manchmal mag ich andere Erwachsene nicht besonders, weil sie meinen, sie wüssten schon alles. Ich weiß nicht alles. Ich lerne immer weiter dazu."	Mir ist Lernen wichtig. Ich weiß, dass ich immer weiter dazu lernen kann und bin motiviert das auch zu tun.

Don'ts	
Äußerung von Lehrkräften	**Botschaft an die Schüler**
"Klasse, das hast du aber schnell hinbekommen!"	Ich schätze Geschwindigkeit. Deine Geschwindigkeit zeigt mir, dass du intelligent bist.
„Schau mal, du hast gar keine Fehler gemacht!"	Ich schätze Perfektion. Deine Perfektion, zeigt mir, dass du intelligent bist.
„Schau mal, du weißt, wie intelligent du bist, und ich weiß es auch. Du hast das Ding im Kasten. Mach dir keine Sorgen!"	Man ist entweder intelligent oder man ist es nicht. Du wirst Erfolg haben, (nur) weil du intelligent bist.
„Nach meiner Erfahrung bleibt die Leistung eines Schülers im Laufe eines Schuljahres weitgehend konstant."	Ich habe ein statisches Mindset. Ich glaube nicht, dass Schüler ihre Fähigkeiten weiterentwickeln können. Deswegen brauchst du es gar nicht erst versuchen.
„Wenn ich die Intelligenz eines Schülers kenne, dann kann ich seine weitere Schullaufbahn gut vorhersehen."	Wenn ich jetzt der Meinung bin, du bist nicht intelligent genug, dann wirst du und kannst du daran nichts ändern.

---

[130] Manche Schüler versuchen, ihre Lehrer zu sabotieren und einer Beurteilung aus dem Weg zu gehen, indem sie einfach nichts tun. Wenn jedoch Schüler verstehen, dass die Schule für sie da ist, damit sie sich entwickeln und besser werden, dann sabotieren sie ihre eigene Entwicklung nicht durch ‚Nichtstun' und machen sich somit weniger abhängig von einzelnen Lehrern. (Dweck C. S., 2007, S. 229).

„Als Lehrer habe ich keinen Einfluss auf die intellektuelle Leistungsfähigkeit meiner Schüler."	Wenn Schüler bei mir und in meinem Unterricht nichts lernen, liegt es daran, dass sie nicht begabt sind.

Abbildung 16: „Dos and Don'ts" bei Rückmeldungen von Lehrkräften an Schüler

Abschließend ist es wichtig, dass Lehrkräfte beim Loben und bei allen anderen Äußerungen gegenüber Schülern betonen, dass Lernerfolg der wichtigste schulische Erfolg ist. Schüler sind dann erfolgreich, wenn sie die richtige Mischung aus eigenem Einsatz, ausgewählter Lösungs- oder Bearbeitungsstrategie und gesuchter Unterstützung finden.

8   Fazit

Es ist meine Vision, dass jedes Schulkind in Deutschland davon überzeugt ist, dass es seine schulischen Fähigkeiten weiterentwickeln kann und sich in diesem Entwicklungsprozess selbst als wirksam wahrnimmt. Ich bin überzeugt davon, dass diese Vision erreichbar ist. Daher hoffe ich sehr, dass ich mit der Aufbereitung in diesem Buch dazu beitragen kann, dass Bildungspraktiker die bisherigen Forschungserkenntnisse zu Mindset und Selbstwirksamkeit zu wichtigen Grundpfeilern ihrer alltäglichen Arbeit machen.

Es ist sehr wichtig, dass Lehrkräfte sich zunehmend immer weniger auf die altbekannten, extrinsischen Motivationsfaktoren, wie z.B. Noten oder positive und negative Sanktionen, verlassen. Stattdessen erkennen Lehrkräfte die Lern- und Leistungsunterschiede zwischen Lernenden an und nutzen sie als konstruktive Grundlage für die tägliche Weiterentwicklung ihrer Schüler. Fehler und Misserfolge werden so von allen Beteiligten eindeutig als Lernchancen identifiziert und wahrgenommen. Die Folge eines solchen Arbeitsklimas, in dem Übungs- sowie Prüfungsphasen deutlich voneinander getrennt sind, ist, dass Schüler sich individuelle Lernziele setzen. Die Schülermotivation wird idealerweise zusätzlich gestärkt, indem Lehrkräfte – zunächst dort wo es möglich ist – eine individuelle Bezugsnorm bei der Leistungsbewertung heranziehen. Eine solche Bezugsnorm trägt nicht nur der immer größer werdenden Heterogenität der Schülergruppen, sondern gleichzeitig auch der Forderung nach einer stärkeren individuellen Förderung Rechnung. Zudem werden auf diese Weise die Kooperationsbereitschaft und -fähigkeit der Schüler gestärkt, die sowohl mit ihrer individuellen Weiterentwicklung, als auch der für die eigene Bewertung gefahrlosen Unterstützung von Mitschülern belohnt werden und ihr Selbstwertgefühl steigern können.

Der Weg, diese Vision zu erreichen, kann nur über die Lehreraus- und -weiterbildung führen, in der Lehrkräfte lernen, ein solches lernförderliches Arbeitsklima zu gestalten. Dazu ist zu hoffen, dass in Zukunft alle angehenden Lehrkräfte zusätzlich zur Lernpsychologie in den anderen, schulrelevanten Themengebieten der Psychologie verpflichtend ausgebildet werden. Der Status Quo in den 16 deutschen Bundesländern, dass angehende Lehrkräfte das Fach Psychologie teilweise vollständig vermeiden können, ist unverständlich und unverantwortlich. Abgesehen von den klassischen Psychologie-Berufen ist der Lehrerberuf die Profession, für dessen Ausübung umfangreiche Psychologiekenntnisse am wichtigsten sind. Zudem müssen Bildungsforschung und Bildungspraxis in Zukunft zwangsläufig enger zusammen arbeiten, damit Berufseinsteiger und Lehrerveteranen gleichermaßen mit ihren Schülern auf nicht-fachlicher Ebene gezielt arbeiten können und aktuelle Erkenntnisse aus der Wissenschaft direkt in der Schulpraxis genutzt werden können. Die in diesem Buch vorgestellte Potenzialentfaltungsbox ist als Anregung gedacht, wie theoretisches

Psychologiewissen in direkt nutzbare Praxiswerkzeuge für den Schul- und Unterrichtsalltag übertragen werden kann. Mit seiner klaren Struktur und Handlungsanweisung ist es insbesondere auch für Lehrkräfte ohne umfangreiche Psychologiekenntnisse leicht anwendbar. Mit der Potenzialentfaltungsbox wird auf einer „weichen und individuellen Ebene" statt auf (schul-) struktureller Ebene zur vollständigen Ausschöpfung von Schülerpotenzial beigetragen, denn ein dynamisches Mindset und eine hohe Selbstwirksamkeit auf Seiten der Schüler und auf Seiten der Lehrkräfte sind auschlaggebende Voraussetzungen für die Potenzialentfaltung in der Schule.

Dass die stärkere Berücksichtigung von psychologischen Merkmalen bei der Schulkultur, bei den Lehrer-Schüler-Beziehungen sowie bei Lehrern und Schülern selbst, der richtige Weg ist, um die Potenzialentfaltung an deutschen Schulen voranzutreiben, heben auch zwei aktuelle Studien hervor:

1. Der Chancenspiegel 2014 der Bertelsmann Stiftung unterstreicht, dass es mit der derzeitigen, noch zu stark vom Behaviorismus geprägten Schulpraxis bis dato nicht gelungen ist, den Zusammenhang von Bildungserfolg und sozialer Herkunft zu entkoppeln.

2. Die sehr umfangreiche und viel beachtete „Visible Learning" Studie des Bildungsforschers Hattie veranschaulicht darüber hinaus, welches – unabhängig von ihrer Relevanz in öffentlichen Bildungsdebatten – aus wissenschaftlicher Sicht die einflussreichsten Faktoren für den Bildungserfolg von Schülern sind. In dieser Studie, in die Datenmaterial aus über 15 Jahren Bildungsforschung und damit mehr als 50.000 Studien mit rund 83 Millionen Schülern aus vorwiegend englischsprachigen Ländern eingegangen ist, kommt Hattie zu dem Ergebnis, dass lediglich 0-20 Prozent der Unterschiede in Schülerleistungen auf Strukturunterschiede zwischen Schulen (Klassengröße, Ausstattung) zurückzuführen sind. Gleichzeitig können 16-60 Prozent der Unterschiede zwischen Schülerleistungen mit Unterschieden in der Lehrerqualität innerhalb einer Schule erklärt werden. Dabei sind die mit Abstand relevantesten Faktoren für Lehrerqualität nicht etwa die häufig angeprangerten Arbeitsbedingungen oder das in intensiver Arbeit an der Universität erworbene Fachwissen, sondern stattdessen die Erwartungshaltungen von Lehrkräften, eine konstruktive Feedbackkultur und eine Lehrer-Schüler-Beziehung, in der Fehler als Lernchancen wahrgenommen und genutzt werden. Schließlich ist laut Hattie einer der wichtigsten Faktoren für schulischen Erfolg vor allem auch die Schülerselbsteinschätzung des eigenen Leistungsniveaus:

„Die Überzeugung von der Selbstwirksamkeit ist ein wichtiger Erfolgsfaktor."[131]

---

[131] Vgl. Beywl, Spiewak & Zierer (2013, S. 13)

Mut macht mir zudem, dass das ursprünglich stark vom Behaviorismus geprägte Pädagogikverständnis in der Wissenschaft und in der Schulpraxis in den letzten Jahrzehnten immer stärker durch den Konstruktivismus ergänzt wurde. Das passive Rollenverständnis der Schüler löst sich auf und die Relevanz der inneren Selbstprozesse von Schülern steigt. Dies kann als erster Schritt gewertet werden, dass in Zukunft auch die Erkenntnisse aus der Sozial-Kognitiven-Psychologie in der Schulpraxis grundlegende Berücksichtigung finden werden. Ferner habe ich während meines Promotionsvorhabens persönlich erlebt, wie schnell Lehrkräfte die Theorien zu Mindset und Selbstwirksamkeit aufnehmen und in konkrete Praxismethoden übernehmen können. (Angehende) Lehrkräfte sind mittlerweile sehr offen für Themen und Inhalte, die sie auf der nicht-fachlichen Umgangsebene mit Schülern unterstützen, so dass die Ergänzung des bisherigen, eher an einer Produktionsfabrik orientierten Pädagogikverständnisses durch Erkenntnisse aus der Sozial-Kognitiven-Psychologie bereits ein Stück weit auf den Weg gebracht ist.

Sollte es also gelingen, die Erkenntnisse aus der Sozial-Kognitiven-Psychologie als unverzichtbaren Teil der Lehreraus- und -weiterbildung zu etablieren und Lehrerkollegien von der schulweiten Nutzung der Potenzialentfaltungsbox zu überzeugen, werden Schulkultur, Lernatmosphäre und Lehrer-Schüler-Beziehungen zu einer besseren Potenzialentfaltung bei Schülern und Lehrkräften führen. Denn, wenn Lehrkräfte und Schüler schulische Fähigkeiten als entwickelbar ansehen (dynamisches Mindset) und sich in diesem Fähigkeitsentwicklungsprozess, also dem Lernprozess, als wirksam wahrnehmen (hohe Selbstwirksamkeit), können Schüler aus sozio-ökonomisch schwachen Umfeldern die Leistungsdiskrepanz zu Schülern aus sozio-ökonomisch wohlhabenden Verhältnissen aufholen und Schüler unabhängig von ihrer sozialen Herkunft ihr Potenzial voll ausschöpfen.

Jeder Schüler hat es verdient, an sich und seine Weiterentwicklung zu glauben sowie sein volles Potenzial auszuschöpfen, also liebe Leserinnen und Leser, lassen Sie uns anfangen, das dynamische Mindset und eine hohe Selbstwirksamkeit bei Schülern und Lehrkräften gezielt zu fördern.

9 Anhang

9.1 Fragebogen zur Erfassung des fachspezifischen Mindsets von Schülern

Name:_____   LehrerIn:_____   Datum:_____

---

1. Du hast eine bestimmte Intelligenz im Fach _____ und daran kannst du wenig ändern.

☐	☐	☐	☐	☐	☐
Stimme voll zu	Stimme zu	Stimme eher zu	Stimme eher nicht zu	Stimme nicht zu	Stimme überhaupt nicht zu

2. Deine Intelligenz im Fach _____ ist etwas an dir, das du nicht wirklich verändern kannst.

☐	☐	☐	☐	☐	☐
Stimme voll zu	Stimme zu	Stimme eher zu	Stimme eher nicht zu	Stimme nicht zu	Stimme überhaupt nicht zu

3. Du kannst neue Dinge lernen, aber deine eigene Grundintelligenz im Fach _____ kannst du nicht verändern.

☐	☐	☐	☐	☐	☐
Stimme voll zu	Stimme zu	Stimme eher zu	Stimme eher nicht zu	Stimme nicht zu	Stimme überhaupt nicht zu

9.2 Fragebogen zur Erfassung der fachspezifischen Selbstwirksamkeit von Schülern

Name:_____   LehrerIn:_____   Datum:_____

1. Ich kann auch die schwierigen Aufgaben im _____ Unterricht lösen, wenn ich mich anstrenge.

   o stimmt nicht   o stimmt kaum   o stimmt eher   o stimmt genau

2. Wenn ich im _____ Unterricht eine schwierige Aufgabe an der Tafel lösen soll, glaube ich, dass ich das schaffen werde.

   o stimmt nicht   o stimmt kaum   o stimmt eher   o stimmt genau

3. Selbst wenn ich mal längere Zeit krank sein sollte, kann ich immer noch gute Leistungen im Fach _____ erzielen.

   o stimmt nicht   o stimmt kaum   o stimmt eher   o stimmt genau

4. Auch wenn der Lehrer/die Lehrerin an meinen Fähigkeiten zweifelt, bin ich mir sicher, dass ich im _____ Unterricht gute Leistungen erzielen kann.

   o stimmt nicht   o stimmt kaum   o stimmt eher   o stimmt genau

5. Ich bin mir sicher, dass ich in _____ auch dann noch meine gewünschten Leistungen erzielen kann, wenn ich mal eine schlechte _____ Note bekommen habe.

   o stimmt nicht   o stimmt kaum   o stimmt eher   o stimmt genau

9.3 Fragebogen zur Erfassung des Mindsets von Lehrkräften

Name:_____   Datum:_____

1. Du hast eine bestimmte Fähigkeit zu unterrichten und daran kannst du wenig ändern.					
☐	☐	☐	☐	☐	☐
Stimme voll zu	Stimme zu	Stimme eher zu	Stimme eher nicht zu	Stimme nicht zu	Stimme überhaupt nicht zu

2. Deine Eignung als Lehrkraft ist etwas an dir, das du nicht wirklich verändern kannst.					
☐	☐	☐	☐	☐	☐
Stimme voll zu	Stimme zu	Stimme eher zu	Stimme eher nicht zu	Stimme nicht zu	Stimme überhaupt nicht zu

3. Du kannst neue Dinge lernen, aber deine eigene Grundfähigkeit zu unterrichten kannst du nicht verändern.					
☐	☐	☐	☐	☐	☐
Stimme voll zu	Stimme zu	Stimme eher zu	Stimme eher nicht zu	Stimme nicht zu	Stimme überhaupt nicht zu

9.4 Fragebogen zur Erfassung der Selbstwirksamkeit von Lehrkräften

Name: _____   Datum:_____

1. Ich bin mir sicher, dass ich auch mit den problematischsten Schülern in guten Kontakt kommen kann, wenn ich mich darum bemühe.

o stimmt nicht   o stimmt kaum   o stimmt eher   o stimmt genau

2. Ich weiß, dass ich zu den Eltern guten Kontakt halten kann, selbst in schwierigen Situationen.

o stimmt nicht   o stimmt kaum   o stimmt eher   o stimmt genau

3. Ich weiß, dass ich es schaffe, selbst den problematischsten Schülern den prüfungsrelevanten Stoff zu vermitteln.

o stimmt nicht   o stimmt kaum   o stimmt eher   o stimmt genau

4. Ich bin mir sicher, dass ich mich in Zukunft auf individuelle Probleme der Schüler noch besser einstellen kann.

o stimmt nicht   o stimmt kaum   o stimmt eher   o stimmt genau

5. Selbst wenn mein Unterricht gestört wird, bin ich mir sicher, die notwendige Gelassenheit bewahren zu können.

o stimmt nicht   o stimmt kaum   o stimmt eher   o stimmt genau

6. Selbst wenn es mir mal nicht so gut geht, kann ich doch im Unterricht immer noch gut auf die Schüler eingehen.

o stimmt nicht   o stimmt kaum   o stimmt eher   o stimmt genau

7. Auch wenn ich mich noch so sehr für die Entwicklung meiner Schüler engagiere, weiß ich, dass ich nicht viel ausrichten kann **(-)**

o stimmt nicht   o stimmt kaum   o stimmt eher   o stimmt genau

8. Ich bin mir sicher, dass ich kreative Ideen entwickeln kann, mit denen ich ungünstige Unterrichtsstrukturen verändere.

o stimmt nicht   o stimmt kaum   o stimmt eher   o stimmt genau

9. Ich traue mir zu, die Schüler für neue Projekte zu begeistern.

o stimmt nicht   o stimmt kaum   o stimmt eher   o stimmt genau

10. Ich kann innovative Veränderungen auch gegenüber skeptischen Kollegen durchsetzen.

o stimmt nicht   o stimmt kaum   o stimmt eher   o stimmt genau

9.5 Übersicht: Items der Skala zur Erfassung der Selbstwirksamkeit von Schulleitern

Principals Self-Efficacy Scale (PSES)

9-Point Likert Scale: 1 = none at all, 3 = very little, 5 = some degree, 7 = quite a bit, 9 = a great deal (you may choose any degree on the continuum from 1 to 9)

In your current role as principal, to what extent can you…

Efficacy for management

1. Handle the time demands of the job

2. Handle the paperwork required of the job

3. Maintain control of your own daily schedule

4. Prioritize among competing demands of the job

5. Cope with the stress of the job

6. Shape the operational policies and procedures that are necessary to manage your school

Efficacy for instructional leadership

7. Motivate teachers

8. Generate enthusiasm for a shared vision for the school

9. Manage change in your school

10. Create a positive learning environment in your school

11. Facilitate student learning in your school

12. Raise student achievement on standardized tests

Efficacy for moral leadership

13. Promote acceptable behavior among students

14. Promote school spirit among a large majority of the student population

15. Handle effectively the discipline of students in your school

16. Promote a positive image of your school with the media

17. Promote the prevailing values of the community in your school

18. Promote ethical behavior among school personnel

9.6 Kennzeichen einer sozialen Bezugsnorm bei Lehrkräften

Im Vergleich zu einer individuellen Bezugsnorm, zeigt folgende Tabelle, mit welchem Verhalten Lehrkräfte in der Intervention von Krug & Kecybyl ihre soziale Bezugsnormorientierung verdeutlichen sollten.

Handlungsmöglichkeiten für Lehrkräfte zur Verwirklichung einer **sozialen** Bezugsnormorientierung nach Krug & Kecybyl (2005, S. 84-85)		
	Reaktion auf Erfolg	**Reaktion auf Misserfolg**
Aufgabenstellung im mündlichen Unterricht	Richtigkeit bestätigen und im Stoff fortfahren. Weitere Fragen an die Klasse stellen.	Anderen Schüler aufrufen. Frage selbst beantworten.
Ursachenzuschreibung	Rückführung auf hohe geistige Fähigkeiten.	Aus ethischen Gründen wurden in dieser Bedingung keine Attribuierungen verbalisiert.
Lob und Tadel	Lob bei überdurchschnittlichen Leistungen, unabhängig vom Anstrengungseinsatz.	Der Lehrer lässt bei unterdurchschnittlichen Leistungen erkennen, dass er mit der Leistung unzufrieden ist.
Erwartungsäußerungen	Erwartungen werden aus ethischen Gründen hier lediglich bei guten Schülern im Hinblick auf die Aufgabenbewältigung geäußert. (Beispiel: Sie werden es schon schaffen.)	Negative Erwartungsäußerungen erfolgen aus ethischen Gründen nicht.

10 Bibliographie

Ames, C., & Archer, J. (1988). Achievement goals in the classroom: Students' learning strategies and motivational processes. Journal of Educational Psychology (Vol. 84), S. 260-267.

Andermann, E., & Young, A. (1994). Motivation and strategy use in science: individual differences and classroom effects. *Journal of Research in Science Teaching* (Vol. 31, No.8), S. 811-831.

Aronson, J., Fried, C., & Good, C. (2002). Reducing the effects of stereotype threat on African American college students by shaping theories of intelligence. *Journal of Experimental Social Psychology* (Vol. 38), S. 113-125.

Ashton, P. T., & Webb, R. B. (1986). *Making a Difference - Teachers' sense of efficacy and student achievement.* New York: Longman Inc.

Bandura, A. (1977a). Self-efficacy: Toward a Unifying Theory of Behavioral Change. *Psychological Review*, S. 191-215.

Bandura, A. (1992). Exercise of Personal Agency Through the Self-Efficacy Mechanism. In R. Schwarzer, *Self-Efficacy: Thought Control of Action* (S. 3-38). Washington D.C.: Hemisphere.

Bandura, A. (1995). Exercise of personal and collective efficacy in changing societies. In A. Bandura, *Self-efficacy in Changing Societies* (S. 1-45). Cambridge: Cambridge University Press.

Bandura, A. (1997). *Self-efficacy: The exercise of control.* New York: W.H. Freeman.

Bandura, A., & Schunk, D. H. (1981). Cultivating Competence, Self-Efficacy, and Intrinsic Interest Through Proximal Self-Motivation. *Journal of Personality and Social Psychology* (Vol. 41, No.3), S. 586-598.

Bandura, A., Adams, N. E., Hardy, A. B., & Howells, G. N. (1980). Tests of the generality of self-efficacy theory. *Cognitive Therapy and Research* (Vol. 4, No.1), S. 39-66.

Bandura, A., Reese, L., & Adams, N. E. (1982). Microanalysis of action and fear arousal as a function of differential levels of perceived self-efficacy. *Journal of Personality and Social Psychology* (Vol. 43, No.1), S. 5-21.

Bandura, A., Taylor, B. C., Williams, L. S., Mefford, I. N., & Barchas, J. D. (1985). Catecholamine Secretion as a Function of Perceived Coping Self-Efficacy. *Journal of consulting and clinical psychology* (Vol. 53, No.3), S. 406-414.

Berglas, S., & Jones, E. E. (1978). Drug choice as a self-handicapping strategy in response to noncontingent success. *Journal of Personality and Social Psychology* (Vol. 36), S. 405-417.

Betz, N. E., & Hackett, G. (1986). Applications of Self-Efficacy Theory to Understanding Career Choice Behavior. *Journal of Social and Clinical Psychology* (Vol. 4, No.3), S. 279-289.

Beywl, W., Spiewak, M., & Zierer, K. (2013). Auf den Lehrer kommt es an. Interview mit John Hattie. *Die Zeit Schule und Familie*, 14-18.

Blackwell, L. S., Trzesniewski, K. H., & Dweck, C. S. (2007). Implicit Theories of Intelligence Predict Achievement Across an Adolescent Transition: A Longitudinal Study and an Intervention. *Child Development* (Vol.78, No. 1), S. 246-263.

Blustein, D. L. (1989). The role of goal instability and career self-efficacy in the career exploration process. *Journal of Vocational Behavior* (Vol. 35, No.2), S. 194-203.

Boyum, L. (1988). Students' conceptions of their intelligence: Impact on academic course choice. *Unpublished master's thesis, University of Illinois, Champaign-Urbana.*

Broome, P. (1998). *Implizite Begabungstheorien und erlernte Hilflosigkeit.* Frankfurt am Main: Peter Lang.

Chen, J. A., & Usher, E. L. (2013). Profiles of the sources of science self-effiacy. *Learning and Individual Differences* (Vol.24), S. 11-21.

Cooper, H., & Good, T. (1983). *Pygmalion grows up. Studies in the expectation communication process.* White Plains, New York: Longman.

Corno, L. (1989). Self-regulated Learning: A volitional Analysis. In D. H. Schunk, *Self-regulated learning and academic achievements* (S. 111-141). New York: Macmillan.

Cury, F., Da Fonseca, D., Zahn, I., & Elliot, A. (2008). Implicit theories and IQ test performance: A sequential mediational analysis. *Journal of Experimental Social Psychology* (Vol. 44), S. 783-791.

Cury, F., Elliot, A., Da Fonseca, D., & Moller, A. (2006). The social-cognitive model of achievement motivation and the 2x2 achievement goal framework. *Journal of Personality and Social Psychology* (Vol. 90, No.4), S. 666-679.

Dresel, M. (2004). *Motivationsförderung im schulischen Kontext.* Göttingen: Hogrefe.

Dupeyrat, C., & Mariné, C. (2005). Implicit theories of intelligence, goal orientation, cognitive engagement, and achievement: A test of Dweck's model with returning to school adults. *Contemporary Educational Psychology* (Vol. 30), S. 43-59.

Dweck, C. S. (1999). *Self-theories: Their role in motivation, personality, and development.* Philadelphia: Psychology Press.

Dweck, C. S. (2007). *Selbstbild - Wie unser Denken Erfolge oder Niederlagen bewirkt.* Frankfurt/New York: Campus Verlag.

Dweck, C. S. (2008a). Brainology: Transforming students' motivation to learn. *Independent school* (Vol. 67, No.2), S. 110-119.

Dweck, C. S. (September 2010). Even Geniuses Work Hard. *Giving Students Meaningful Work* (Vol. 68, No.1), S. 16-20.

Dweck, C. S., & Bempechat, J. (1983). Children's theories of intelligence. In S. Paris, G. Olsen, & H. Stevenson, *Learning and motivation in the classroom* (S. 239-256). Hillsdale: Erlbaum.

Dweck, C. S., & Leggett, E. (1988). A social-cognitive approach to motivation and personality. *Psychological Review* (Vol. 95), S. 256-273.

Dweck, C. S., & Sorich, L. A. (1999). Mastery-Oriented Thinking. In C. R. Snyder, *Coping* (S. 232-251). Oxford: Oxford University Press.

Dweck, C. S., Chiu, C.-y., & Hong, Y.-y. (1995). Implicit theories and their role in judgements and reactions: A word from two perspectives. *Psychological Inquiry* (Vol. 6, No.4), S. 267-285.

Dweck, C., Mangels, J., & Good, C. (2004). Motivational effects on attention, cognition, and performance. In D. Dai, & R. Sternberg, *Motivation, emotion, and cognition: Integrated perspectives on intellectual funtionning* (S. 41-56). Mahwah: Erlbaum.

Elliott, E. S., & Dweck, C. S. (1988). Goals: an approach to motivation and achievement. *Journal of Personality and Social Psychology* (Vol. 54, No.1), S. 5-12.

Erdley, C., Cain, K., Loomis, C., Dumas-Hines, F., & Dweck, C. S. (1997). The relations among children's social goals, implicit personality theories and response to social failure. *Developmental Psychology* (Vol. 33), S. 263-272.

Farrell, E., & Dweck, C. S. (1985). The role of motivational processes in transfer of learning. *Unpublished manuscript.*

Friedel, J. M., Cortina, K. S., Turner, J. C., & Midgley, C. (2007). Achievement goals, efficacy beliefs and coping strategie in mathematics: The roles of perceived parent and teacher goals emphases. *Contempory Educational Psychology* (Vol. 32), S. 434-458.

Good, C., Aronson, J., & Inzlicht, M. (2003). Improving adolescents' standardized test performance: An intervention to reduce effects of stereotype threat. *Journal of Applied Developmental Psychology* (Vol. 24, No.6), S. 645-662.

Graham, S., & Golon, S. (1991). Motivational influences on cognition: Task involvement, ego involvement, and depth of information processing. *Journal of Educational Psychology* (Vol. 83), S. 187-194.

Grant, H., & Dweck, C. (2003). Clarifying achievement goals and their impact. *Journal of Personality and Social Psychology* (Vol. 85), S. 541-553.

Griggs, M., Rimm-Kaufmann, S., Merritt, E., & Patton, C. (2013). The Responsive Classroom Approach and Fifth Grade Students' Math and Science Anxiety and Self-Efficacy. *School Psychology Quarterly* (Vol.28, No.4), S. 360-373.

Grove, R. J. (1993). Attributional correlates of cessation self-efficacy among smokers. *Addictive Behaviors* (Vol. 18, No.3), S. 311-320.

Gunderson, E. A., Gripshover, S. J., Romero, C., Dweck, C. S., Goldin-Meadow, S., & Levine, S. C. (2013). Parent Praise to 1- to 3-Year Olds Predicts Children's Motivational Framework 5 Years Later. *Child Development* (Vol. 84, No.5), S. 1526-1541.

Hackett, G. (1985). Role of Mathematics Self-Efficacy in the Choice of Math-Related Majors of College Women and Men: A Path Analysis. *Journal of Counseling Psychology* (Vol. 32, No.1), S. 47-56.

Haimovitz, K., Wormington, S. V., & Corpus, J. H. (2011). Dangerous mindsets: How beliefs about intelligence predict motivational change. *Learning and Individual Differences* (Vol. 21, No.6), S. 747-752.

Hattie, J. (2013). *Visible learning: A synthesis of over 800 meta-analyses relating to achievement.* Abingdon: Routledge.

Henderson, V., & Dweck, C. S. (1990). Achievement and motivation in adolescence: A new model and data. In S. Feldman, & G. Elliott, *At the threshold: The developing adolescent* (S. 308-329). Cambridge: Harvard University Press.

Herrmann, U. (2009). Gehirnforschung und die neurodidaktische Revision des schulisch organisierten Lehrens und Lernens. In U. Herrmann, *Neurodidaktik Grundlagen und Vorschläge für gehirngerechtes Lehren und Lernen (2. Auflage)* (S. 148-181). Weinheim und Basel: Beltz Verlag.

Hong, Y., Chiu, C., Dweck, C. S., & Lin, D. (1998). A test of implicit theories of intelligence and self-confidence as predictors of responses to achievement challenges. *Unpublished manuscript.*

Jerusalem, M. (2002). Einleitung. In M. Jerusalem, & D. Hopf, *Selbstwirksamkeit und Motivationsprozesse in Bildungsinstitutionen* (S. 8-12). Weinheim und Basel: Beltz Verlag.

Jerusalem, M., & Mittag, W. (1995). Self-efficacy in stressful life transitions. In A. Bandura, *Self-efficacy in changing societies* (S. 177-201). New York: Cambridge.

Jerusalem, M., Dössler, S., Kleine, D., Klein-Heßling, J., Mittag, W., & Röder, B. (2009). *Förderung von Selbstwirksamkeit und Selbstbestimmung im Unterricht. Skalen zur Erfassung von Lehrer- und Schülermerkmalen.* Berlin: Lehrstuhl für Pädagogische Psychologie und Gesundheitspsychologie, Humboldt-Universität.

Job, V., Dweck, C. S., & Walton, G. M. (2010). Ego depletion - Is it all in your head? Implicit theories about willpower affect self-regulation. *Psychological Science* (Vol. 21, No.11), S. 1686-1693.

Jones, E. E., & Berglas, S. (1978). Control of attributions about the self through self-handicapping strategies: The appeal of alcohol and the role of underachievement. *Personality and Social Psychology Bulletin* (Vol.4), S. 200-206.

Kamins, M. L., & Dweck, C. S. (1999). Person versus Process praise and criticism: Implications for contingent self-worth and coping. *Developmental Psychology* (Vol. 35), S. 835-847.

Kline, F., Deshler, D., & Schumaker, J. (1992). Implementing learning strategy instruction in class settings: A research perspective. In M. Pressley, K. Harris, & J. Guthrie, *Promoting academic competence and literacy in school* (S. 361-406). San Diego: Academic Press.

Kohlberg, L. (1986). Der "Just Community"-Ansatz der Moralerziehung in Theorie und Praxis. In F. Oser, R. Fatke, & O. Höffe, *Transformation und Entwicklung. Grundlagen der Moralerziehung* (S. 21-55). Frankfurt/M: Suhrkamp.

Kreutzmann, M., Zander, L., & Hannover, B. (2014). Versuch macht Kluch-g'?! Der Umgang mit Fehlern auf Klassen- und Individualebene. *Zeitschrift für Entwicklungspsychologie und Pädagogische Psychologie* (Vol.46, No.2), S. 101-113.

Krug, S., & Lecybyl, R. (2005). Die Wirkung experimentell variierten Lehrerverhaltens auf Unterrichtswahrnehmung, Lernbereitschaft und Leistung von Schülern. In F. Rheinberg, & S. Krug, *Motivationsförderung im Schulalltag, 3. korrigierte Auflage* (S. 81-94). Göttingen: Hogrefe.

Kümmel, U., Hampel, P., & Meier, M. (2008). Einfluss einer erlebnispädagogischen Maßnahme auf die Selbstwirksamkeit,die Stressverarbeitung und den Erholungs-Beanspruchungs-Zustand bei Jugendlichen. *Zeitschrift für Pädagogik* (Vol. 54, No.4), S. 555-571.

Langer, E. J. (1979). The illusion of incompetence. In L. C. Perlmuter, & R. A. Monty, *Choice and perceived control* (S. 301-313). Hillsdale: Lawrence Erlbaum Associates.

Leggett, E. (1985). Children's entity and incremental theories of intelligence: Relationships to achievement behavior. *Paper presented at the meeting of Eastern Psychological Association, Boston.*

Lent, R. W., & Hackett, G. (1987). Career self-efficacy: Empirical status and future directions. *Journal of Vocational Behavior* (Vol. 30, No.3), S. 347-382.

Locke, E. A., & Latham, G. P. (1990). *A theory of goal setting and task performance.* Englewood Cliffs: Prentice Hall.

London, B., Downey, G., & Dweck, C. (2009). The student's dilemma: Academic engagement in the face of stereotype threat. *Unpublished Manuscript.*

Mangels, J. A., Butterfield, B., Lamb, J., Good, C., & Dweck, C. S. (2006). Why do beliefs about intelligence influence learning success? A social cognitive neuroscience model. *Social cognitive and affective neuroscience* (Vol. 1, No.2), S. 75-86.

Midgley, C., Arunkumar, R., & Urdan, T. C. (1996). "If I don't do well tomorrow, there's a reason:" Predictors of adolescents' use of academic self-handicapping strategies. *Journal of Educational Psychology*, S. 423-434.

Mietzel, G. (2001). *Pädagogische Psychologie des Lernens und Lehrens.* Göttingen: Hogrefe.

Mittag, W., Kleine, D., & Jerusalem, M. (2002). Evaluation der schulbezogenen Selbstwirksamkeit von Sekundarschülern. In *Selbstwirksamkeit und Motivationsprozesse in Bildungsinstitutionen* (S. 145-173). Weinheim: Beltz.

Mourshed, M., Chijioke, C., & Barber, M. (November 2010). *How the world's most improved school systems keep getting better.* Abgerufen am 22. April 2014 von http://mckinseyonsociety.com/downloads/reports/Education/How-the-Worlds-Most-Improved-School-Systems-Keep-Getting-Better_Download-version_Final.pdf

Mueller, C. M., & Dweck, C. S. (1998). Praise for intelligence can underminde children's motivation and performance. *Journal of Personality and Social Psychology* (Vol. 75), S. 33-52.

Mueller, C., & Dweck, C. S. (1997). Implicit theories of intelligence: Malleability beliefs, definitions, and judgements of intelligence. *Unpublished data.*

Niiya, Y., Crocker, J., & Bartmess, E. N. (2004). From Vulnerability to Resilience Learning Orientations Buffer Contingent Self-Esteem From Failure. *Psychological Science* (Vol. 15, No.12), S. 801-805.

Núnez, J., Rosário, P., Vallejo, G., & González-Pienda, J. (2013). A longitudinal assessment of the effectiveness of a school-based mentoring program in middle school. *Contempory Educational Psychology* (Vol.38), S. 11-21.

Nussbaum, D. A., & Dweck, C. S. (2008). Defensiveness vs. remediation: Self-theories and modes of self-esteem maintenance. *Personality and Social Psychology Bulletin* (Vol. 34), S. 599-612.

Ommundsen, Y. (2001). Self-handicapping strategies in physical education classes: The influence of implicit theories of the nature of ability and achievement goals. *Psychology of Sport & Exercise* (Vol. 2), S. 139-156.

Ommundsen, Y., Haugen, R., & Lund, T. (2005). Academic self-concept, implicit theories of ability, and self-regulation strategies. *Scandinavian Journal of Educational Research* (Vol. 49, No.5), S. 461-474.

Paunesku, D., Yeager, D., Romero, C., & Walton, G. (2013). Brief social-psychological interventions are a scalable solution for academic underperformance. *Unpublished Manuscript.* Stanford University.

Pintrich, P., & Garcia, T. (1991). Student goal orientation and self-regulation in the college classroom. In M. Maehr, & P. Pintrich, *Advances in motivation and achievement (Vol. 7)* (S. 371-402). Greenwich: JAI Press.

Rattan, A., Good, C., & Dweck, C. S. (2012). "It's ok — Not everyone can be good at math": Instructors with an entity theory comfort (and demotivate) students. *Journal of Experimental Social Psychology* (Vol. 48), S. 731-737.

Rheinberg, F. (1988). Themenschwerpunkt "Paradoxe Effekte von Lob und Tadel". *Zeitschrift für Pädagogische Psychologie* (Vol.2), S. 223-257.

Rheinberg, F., & Krug, S. (2005). *Motivationsförderung im Schulalltag.* Göttingen: Hogrefe.

Rhodewalt, F. (1994). Conceptions of ability, achievement goals, and individual differences in self-handicapping behavior: On the application of implicit theories. *Journal of Personality* (Vol. 62), S. 67-85.

Robins, R., & Pals, J. (2002). Implicit Self-Theories in the Academic Domain: Implications for Goal Orientation, Attributions, Affect, and Self-Esteem Change. *Self and Identity* (Vol.1, No.4), S. 313-336.

Schunk, D. (1996). Goal and self evaluative influences during children's cognitive skill learning. *American Educational Research* (Vol.33), S. 359-382.

Schunk, D. H. (1981). Modeling and attributional feedback effects on children's achievement: A self-efficacy analysis. *Journal of Educational Psychology (Vol. 74)* S. 93-105.

Schunk, D. H. (1982). Effects of effort attributional feedback on children's perceived self-efficacy and achievement. *Journal of Educational Psychology* (Vol. 74, No.4), S. 548-556.

Schunk, D. H. (1995). Self-Efficacy and Education and Instruction. In J. E. Maddux, *Self-Efficacy, Adaptation, and Adjustment Theory Research, and Application* (S. 281-304). New York: Plenum Press.

Schunk, D. H., & Rice, J. M. (1989). Learning Goals and Childrens's Reading Comprehension. *Journal of Reading Behavior* (Vol. 21, No. 3), S. 279-293.

Schwarzer, R. (1992). Self-efficacy in the adoption and maintenance of health behaviors: Theoretical approaches and a new model. In R. Schwarzer, *Self-efficacy: Thought control of action* (S. 217-243). Washington D.C.: Hemisphere.

Schwarzer, R. (1995). Entwicklungskrisen durch Selbstregulation meistern. In W. Edelstein, *Entwicklungskrisen kompetent meistern* (S. 25-34). Heidelberg: Roland Asanger Verlag.

Schwarzer, R., & Jerusalem, M. (2002). Das Konzept der Selbstwirksamkeit. In M. Jerusalem, & D. Hopf, *Selbstwirksamkeit und Motivationsprozesse in Bildungsinstitutionen* (S. 28-53). Weinheim und Basel: Beltz Verlag.

Sorich, L., & Dweck, C. S. (1997). Psychological mediators of student achievement in the transition to junior high school. *Unpublished Manuscript.* Columbia University.

Spencer, N., Rowson, J., & Bamfield, L. (11. März 2014). *Schüler richtig motivieren - Wie verhaltenswissenschaftliche Erkenntnisse im Bildungsbereich genutzt werden können.* Abgerufen am 22. April 2014 von http://www.vodafone-stiftung.de/meta_downloads/65197/studie_schueler_richtig_motivieren.pdf

Stipek, D. J., & Gralinski, H. J. (1996). Children's beliefs about intelligence and school performance. *Journal of Educational Psychology* (Vol. 88), S. 397-407.

Stone, J. (1998). Theories of intelligence and the meaning of achievement goals. *Doctoral Dissertation.* New York University.

Wong, M., Lau, T., & Lee, A. (2012). The Impact of Leadership Programme on Self-Esteem and Self-Efficacy in School: A Randomized Controlled Trial. *PLoS ONE* (Vol.7, No.12), S. 1-6.

Wood, R., & Bandura, A. (1989a). Impact of Conceptions of Ability on Self-Regulatory Mechanisms and Complex Decision Making. *Journal of Personality and Social Psychology* (Vol. 56, No.3), S. 407-415.

Wood, R., & Bandura, A. (1989b). Social Cognitive Theory of Organizational Management. *Academy of Management Review* (Vol. 14, No. 3), S. 361-384.

Yeager, D. S., Trzesniewski, K. H., & Dweck, C. S. (2013). An Implicit Theories of Personality Intervention Reduces Adolescent Aggression in Response to Victmization and Exclusion. *Child Development* (Vol. 84, No. 3), S. 970-988.

Zhao, W., Dweck, C. S., & Mueller, C. (1998). Implicit theories and depression-like responses to failure. *Unpublished manuscript.*

Zuckerman, M., Kieffer, S. C., & Knee, C. R. (1998). Consequences of self-handicapping effects on coping, academic performance, and adjustment. *Journal of Personality and Social Psychology* (Vol. 74), S. 1619-1628.

Zeitfracht Medien GmbH

Zeitfracht Medien GmbH
Ferdinand-Jühlke-Straße 7
99095 Erfurt, Deutschland
produktsicherheit@kolibri360.de